AF319598

Recherches

Historiques, Biographiques et Généalogiques

Les Dubreuil

4° Lm 187

Du même auteur :

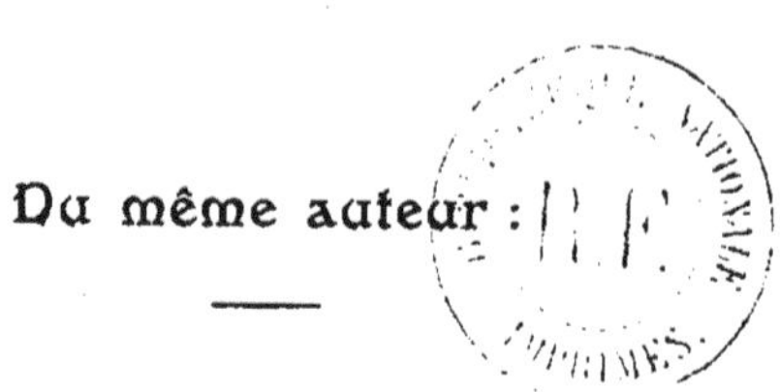

Étude sur les Vignerons d'Issoudun, (Extraite de la *Revue de la Société académique du Centre*) ; Pivoteau et fils, imp. Saint-Amand (Cher), 1902 ; épuisé : 1 fr.

Une lettre du Comte Brunet de Neuilly (Extraite de la *Revue de la Société académique du Centre*) ; Pivoteau et fils, imp. Saint-Amand (Cher), 1902 ; épuisé : 1 fr. 50.

Lettres inédites de M. de Malesherbes, (Extraites de la *Revue des Questions héraldiques*) ; Lafolye frères, édit., Paris, 8, rue Féron ; Vannes, place des Lices, 1903 ; épuisé : 1 fr. 50.

Notice sur la famille Grozieux de Laguérenne, (Extraite de la *Rivista del Collegio Araldico*) ; Tip. dell' Unione coop. editrice, Rome, 69, via Monterone, 1903 ; épuisé, non mis dans le commerce.

Simple croquis de Montluçon au bon vieux temps ; Moulins, librairie L. Grégoire, 2, rue François Péron, Paris, librairie Jean Schemit, 52, rue Laffite, 1904 : 6 fr.

Notes sur la famille Besnard ou Bénard (Extraites de la *Rivista del Collegio Alradico*), Tip dell' Unione coop. editrice ; Rome, 69, via Monterone, 1909 ; non mis dans le commerce, ép.

Un mariage religieux pendant la Révolution française, (Notes sur les familles de Vismes et Esmangard de Beauval). — (Extrait de la *Rivista del Collegio Araldico*) ; Tip. dell' Unione coop. editrice, Rome, 69, via Monterone, 1910 : 1 fr. 50.

Recherches Historiques, Biographiques et Généalogiques :

I. — **Les Gilbert du Deffant**, (sieurs du Deffant, La Mouline, Les Outres, Lorbrie, Les Rodez, Fontenilles) ; E. Pivoteau et fils, imp. à Saint-Amand (Cher), 1903 ; épuisé : 2 fr.

II. — **Les Hugueteau**, (Ecuyers, seigneurs de Maurepas, Challié, Gaultret, Brizeau, Saint-Gouard, La Pivardière, etc...) ; Pivoteau et fils, imp. Saint-Amand (Cher), 1904 : 2 fr.

Recherches

Historiques, Biographiques et Généalogiques

PAR

Henry de LAGUÉRENNE

Membre honoraire du Conseil héraldique de France, del Collegio Araldico di Roma,
de la Société Archéologique de France, etc ...

III

Les Dubreuil

Bourgeois,
Sieurs de La Motte, La Chaume où Les Chaumes, La Fôrêt.

« Chaque individu d'une race a
une vie individuelle très courte et
une vie collective très longue. Cette
dernière est celle de la race dont il
est né, qu'il continue à perpetuer et
dont il dépend toujours. »

GUSTAVE LE BON.
(Lois psychologiques de l'évolution des peuples.)

SAINT-AMAND (CHER)

IMPRIMERIE AUGUSTE PIVOTEAU

1910

Les Dubreuil

Sieurs de La Motte, La Chaume et la Forêt

Les familles du nom de Dubreuil sont très communes en Berry, Bourbonnais, Nivernais et Poitou. Pour établir une généalogie exacte. il est nécessaire d'éliminer d'autant plus impitoyablement qu'une similitude de noms et de prénoms pourrait porter à commettre une erreur : Nous n'avons pu remonter, ici d'une façon absolument certaine, qu'à la seconde partie du XVIIe siècle.

Toutefois M. Edmond Tabouët dont les travaux généalogiques sont si documentés et dont la compétence en ces matières est bien connue, semble estimer que l'on pourrait rattacher à la famille Dubreuil, dont nous allons parler, les personnages suivants :

A. — Dubreuil (N...) qui aurait eu trois enfants : — *a* — Jean qui suit — *b* — Claude Dubreuil marié à Sylvaine Pinon d'où seraient issus très probablement : **1**) Jacques Dubreuil, notaire et sergent de la justice de La Pérouse ; (**2**) Claude Dubreuil, mort avant 1676 ; et (**3**) Antoinette Dubreuil qui, mariée à prudent homme Louis ou Sylvain Ravau, resta veuve avant 1682 et habita la Ville aux Moines, paroisse de Saint-Priest. — *c* — Gabrielle Dubreuil, mariée à Gilbert Pinon d'où naquirent: (**1**) Barthélémy Pinon qui épousa en 1676 ou 1677 Marguerite Maignard ; (**2**) Antoine Pinon qui vivait en 1678 ; et (**3** Claude Pinon [1]).

B. — Dubreuil (Jean), fils du précédent, «prudent homme» ,sergent et notaire de la justice du Bouex, demeurait, à Saint-Marien (Creuse), avant 1688. Il eut pour enfants : — *a* — Louize qui épousa, par contrat de 1678. Claude Amichault, demeurant à Jurigny : — *b* — Gilbert Dubreuil, notaire et greffier de la Justice de Bouex, y demeurant qui se maria le 24 Janvier 1670 à François-Anne Restat (fille de Jacques Restat ; et d'Anne Nollin)

Est-ce de l'un de ces Dubreuil précités que descend Gilbert Dubreuil sieur de La Motte qui est l'ancêtre connu de la famille dont nous allons parler (voir § II. n° 5) et qui naquit vers 1670-1675 ?... La chose est possible, probable même, mais pas certaine. Et nous avons trouvé à Culan, Préveranges [2], Lignières, Montluçon, Huriel, Chambérat. etc... de nombreux Dubreuil qu'il nous a été impossible de relier aux nôtres et qui très souvent ne se rattachent même pas entre eux et ne font certainement pas partie de la même famille [2].

---

(1) Il me semble en effet assez curieux de constater que François Dubois. veuf le 16 mai 1723, de Jeanne Dubreuil, épousa en 2mes noces, vers septembre ou octobre de la même année 1723, D^{lle} Charlotte Pinon, ainsi que le démontreut les actes de baptême de Marguerite et Marie Dubois, (filles de Me François Dubois, sieur de Mondan et de D^{lle} Charlotte Pinon son épouse) en date du 5 août 1724 et où Me François Dubreuil, marchand à Vesdun, fut parrain de Marguerite Dubois. [Reg. par. de Vesdun] — Voir plus bas § II, n° 6, *b*.

(2) — Mr Tabouët semble penser que Vincent Dubreuil, notaire à Préveranges en 1681, pourrait peut-être se rattacher aux Dubreuil de la Motte.

(3) — En particulier dans les registres paroissiaux de Préveranges de 1682 à 1760.

§ I

NOMS ISOLÉS

Les Dubreuil, bourgeois, sieurs de La Motte, La Chaume, *al.* Les Chaumes et La Forêt ont résidé dans le Cher, l'Allier et la Seine. Nous avons relevé les noms de cinq d'entre eux qui, d'après les documents compulsés, font partie de la famille mais n'ont pu être rattachés à leur place absolument exacte : ce sont :

1. — DUBREUIL N..., qui était contrôleur à Huriel, en 1751.

2. — DUBREUIL Jean, marchand au Pointet, commune de Nocq, en 1789. [1]

3. — DUBREUIL François [2] qui, vers 1796, habitait le village de Pardeux commune de Chambérat, Allier). Il était marié désigné comme dit « cousin de Vincent Dubreuil » § III n° 9.

4. — DUBREUIL François, peut-être fils du précédent, époux d'Anne Barraud habitait Chambérat où sa fille : Marie Dubreuil fut baptisée le 12 février 1791 ; [3] et dont le parrain fut Gilbert Dubreuil, bourgeois de La Chapelaude, § II.6. h.

5. — DUBREUIL (François, peut-être l'un des deux précédents, mourut à Chambérat le 13 septembre 1802. [4]

—————

§ II

FILIATION SUIVIE

6. — DUBREUIL (Gilbert) sieur de La Motte [5], naquit vers 1675. Il épousa vers 1700 Françoise Rollin qui, devenue veuve, se remaria à Louis Moreau [6], chirurgien à Epineuil en 1724 ; et déjà veuf lui-même de Magdeleine Métenier.

De son mariage avec Françoise Rollin, Gilbert Dubreuil laissa : — *a* — François qui suit : — *b* — Jeanne Marie, née vers 1703, qui épousa François Dubois, sieur de Mondau, dont elle eut : (**1**) Marie Aimée Dubois baptisée à

—————

(1) — Arch. de l'Allier : B. 724.

(2) — C'est très probablement le même que François Dubreuil, cité au § II n° 7 lettre *f*.

(3) — Regist. par. de Chambérat. — C'est peut-être le même que le précédent.

(4) — Reg. de l'Etat civil de Chambérat.

(5) — La Motte, commune de Saint-Vitte, près la cote 586 de la carte du Ministère de l'Intérieur, feuille XVII — 22.

(6) — Il y eut plusieurs alliances entre les Moreau et les Rollin (voir Arch. du Cher : B, 3556]. En 1721, Louis Moreau, chirurgien du bourg et paroisse d'Epineuil, avait été traduit en audience du Présidial de Moulins, par Michel Dubourg, boucher de Vallon, appelant de sentence du juge d'Epineuil (Arch. de l'Allier : B, 1811]. — C'est grâce à son mariage avec Françoise Rollin, veuve Dubreuil que, de 1727 à 1729 « Louis Moreau, propriétaire du domaine de La Motte, paroisse de Saint-Vicq Saint-Vitte, déclarait « posséder dans ce lieu, 18 têtes d'aunailles et 20 porcs » et prétendait « avoir pour ce bétail droit de parage dans la forêt de Lespost, en plus droit de passage » (Arch. du Cher : B, 1279 . — A cette époque, un domaine important de La Motte était donc sorti des mains des Dubreuil.

Vesdun (1) le 2 février 1720, et mariée le 11 février 1744 à Gilbert Desfougères
(2) Jacques Dubois (2) né le 29 et baptisé le 30 Décembre 1721 qui épousa
le 11 février 1744 Jeanne Desfougères. — Jeanne Marie Dubreuil mourut le
18 mai 1723 à l'âge de vingt ans et fut inhumée dans l'église de Vesdun. (3)
— c — Françoise, née vers 1709, épousa Joseph Moreau, bourgeois d'Epineuil qui mourut en cette paroisse le 20 avril 1747 et dont elle eut : (**1**)
Marie-Anne Moreau qui épousa, le 18 novembre 1749, Jean-Désiré Béchet,
notaire tabellion de la justice de Saint-Désiré ; (**2**) Joseph Moreau décédé
célibataire le 20 juin 1763, à l'âge de 31 ans ; (**3**) Elizabeth Moreau née le 16
mars 1740 et mariée le 31 janvier 1764 à M⁰ Louis Béchet, bourgeois (fils
mineur de M⁰ Jean Béchet et de défunte Marguerite Moreau, de la paroisse
de La Chapelaude), dont postérité : (**4**) Marie Moreau, née le 28 septembre
1742 qui épousa le 29 novembre 1755 François Pinthon, praticien, de la
paroisse Saint-Pierre de Montluçon, dont postérité ; (**5**) Marie Moreau
décédée à deux ans et demi, le 30 avril 1747 ; (**6**) Françoise Moreau mariée
le 13 octobre 1767 à Jean Bayard, M⁰ chirurgien de la paroisse de la Celette,
dont postérité (4). Damoiselle Françoise Dubreuil, veuve de Joseph Moreau,
mourut âgée de cinquante ans environ, le 1ᵉʳ Mars 1759 à Épineuil (5).
— d — Gilbert, auteur de la branche rapportée au § III. — e — Marie-
Louise, née vers 1713, qui épousa le 4 février 1738 à Épineuil, Joseph Moreau, chirurgien, (fils de défunt Louis Moreau, aussi M⁰ chirurgien, et de
feu Magdeleine Méténié qui mourut à l'âge de 40 ans le 10 Mars 1755 et
dont elle eut : (**1**) Françoise Moreau, née le 20 janvier 1739 et décédée le 13
octobre 1747 ; (**2**) N... Moreau, mort le 7 novembre 1744, âgé de deux ans
environ ; (**3**) Joseph Moreau, né le 8 juillet 1745 et décédé le 4 décembre
1749 ; (**4**) Françoise Moreau, née le 3 avril 1748 ; (**5**) Marie Moreau née le 8
mars 1751 ; (**6**) Joseph Moreau, né le 19 may 1753 et mort le 7 juin 1753.
Damoiselle Marie-Louise Dubreuil, veuve de Joseph Moreau, chirurgien,
mourut à l'âge de 55 ans environ le 6 mars 1768, à Épineuil et y fut enterrée
le lendemain — f — Antoine, né le 2 ou le 22 avril 1716 (7) — g — Marie,

---

(1) — Parrain : Gilbert Dubreuil ; — Marraine : Dame Marie-Aimée Sannier [reg. par. Vesdun].

(2) — Parrain : Jacques Péron, bourgeois de Vesdun. — Marraine : Marie Lépine, [reg. par.
Vesdun]. — C'est ce Jacques Dubois qui, en 1746, renonça à la succession de ses père et mère,
François Dubois et Marie Dubreuil ; [Arch. du Cher : B. 3799].

(3) — «... Et a esté inhumée dans l'église de céans où nous l'avons conduite en présence de
son dit mary, de François Du Breuil qui a signé avec nous. ...» etc... [reg. par. Vesdun]. — De
son second mariage avec Dⁱˡᵉ Charlotte Pinon, François Dubois sieur de Mondan, eut d'autres
enfants. Le 5 août 1724, François Dubreuil, marchand, fut parrain de l'un deux : Marguerite
Dubois, [reg par. Vesdun]. François Dubois se remaria une 3ᵐᵉ fois avec Dⁱˡᵉ Marie Robert, qui
mourut le 26 Mars 1740, à Vesdun ; et une 4ᵐᵉ fois avec Charlotte Aladanne, le 17 septembre
1740, en présence de Dⁱˡᵉˢ Françoise Dubreuil et Anne Robin ; De ce 4ᵐᵉ mariage naquirent trois
enfants : Jacques Dubois, dont fut parrain le 10 octobre 1741, M⁰ Jacques Balichon, sieur des
Goutaux ; Marie-Anne Dubois, née le 4 novembre 1742, décédée le 7 septembre 1743 ; et un fils
posthume Jacques-Cyphorien Dubois, baptisé le 7 août 1745 et mort le 21 septembre 1746. —
François Dubois fut inhumé dans l'église de Vesdun, le 8 mai 1745 [reg. par. Vesdun].

(4) — Reg. par. d'Épineuil.

(5) — « A été inhumée par moy soussigné dans le cimetière en présence de Joseph Moreau
son fils qui a déclaré ne sçavoir signer et du sieur François Pinthon, son gendre qui a signé. »
[reg. par. Épineuil].

(6) — Damoiselle Marie-Louis Dubreuille est dite « majeure de droit ». Etaient présents
Joseph Moreau, l'aîné, et François Moreau, frères du futur.

(7) — C'est très-probablement lui qui était controleur à Huriel en 1751. — Voir § 1. — 1.

née vers 1719 et mariée le 9 septembre 1739 à Nicolas Pasquet. déja veuf.
— h — Gilbert. né le 29 novembre 1722 [1].

Gilbert Dubreuil. sieur de la Motte, avait une sœur: Marie Aimée Dubreuil qui était vivante en 1722. Elle n'eut pas de postérité.

Gilbert Dubreuil mourut le 2 décembre 1722 [2]. Un acte que nous possédons dans nos archives de famille nous donne des renseignements sur la situation qu'il occupait en 1717 :

« Par devant le notaire tabellion des terres et baronnie d'Epineuil soussigné tut présente damoiselle Anne Aujohannet veuve de défunt Mr Gilbert Robert vivant sieur de Bonneblond [?] demeurante au bourg de Saint-Vitte laquelle volontairement et de son gré et volonté a recognu et confessé avoir vendu cedlé et transporté et par les présentes vend. céde, quite et transporte par pure vente simple et irrévocable à jamais sans espérance de réméré, au contraire avec promesse de garantir fournir et faire valoir à peine de tous dépens dommages intérêts, envers et contre tous et de tous débats debtes et hypotèques quelconques à Mr Gilbert Dubreuil sieur de la Motte y demeurant paroisse de Saint-Vitte présent et acceptant, c'est à savoir tous les biens fonds qui peuvent comporter et appartenir après a ladite damoiselle situés au bourg de Saint-Vitte et environs et qui consiste Premièrement en un corps de logis composé de trois chambres haute et basse grenier dessus cave le tout sous le mesme faix couverte a tuilles plus une grange couverte a paille étables une petite chambre un scellier et une écurie aussy sous le mesme faix avec la cour qui renferme tous lesdits bastimens plus un jardin joignant laditte cour et bastimens le tout de contenance de quatre boisselées mesure de Cullan ou environ et qui jouxte d'une part de levant le chemin allant dudit bourg de Saint-Vitte au Monnerade de midy les bastiments et héritages de Damoiselle Marguerite Peron femme de Ph. Thomas de couchant le jardin et maison des mineurs Marie de la Brosse femme de Claude Grandjean et de septentrion la grande rue dudit Saint-Vitte allant à l'église dudit lieu et à la croix du Crochelet Plus la maison ancienne du domaine qui consiste en deux chambres basses couvertes a paille plus une masure de grange et deux étables séparées d'ensemble le tout dans un même enclos avec la cour qui les renferme et qui jouxte du levant le jardin de Damoiselle Marie Chapusée Chapuzet de midy la vigne du sieur Aujohannet et sa femme de couchant le chemin de Saint-Vitte au Monnerade et de septentrion autre chemin de Saint-Vitte a Epineuil passant devant le portail de la première maison cy-dessus confinée Plus un pré appelé Pré au prieur autrement le Guicherat contenant à queuillir environ huict charroix de foing qui jouxte d'une part au levant le chemin dudit Saint-Vitte audit lieu de la Motte y compris un morceau de terre autrefois en vigne appelé La Jagolette de deux boissellées ou environ joignant led. pré un buisson entre deux et jouxte des midy et levant les vignes desd. mineurs de Salle et Buchet et la terre appartenant à la cure de Saint-Vitte de couchant le chemin dud. Saint-Vitte au Monnerade et de septentrion la vigne des mineurs Merat Plus

---

(1) — C'est probablement lui qui, qualifié bourgeois de La Chapelaude. fut parrain de Marie Dubreuil le 12 février 1794. [Voir § I, 4]. — D'autre part, on trouve en 1757, Gilbert Du Breuil sergent de S. A. S. Madame la princesse de Saint-Amand?... [Arch. de l'Allier : B. 623].

(2) — Au 4 février 1738. Françoise Rollin était dite décédée.

une vigne appelée la grande vigne située au bourg de Saint-Vitte du contenant de six hommées ou environ qui jouxte de levant la vigne de la damoiselle Peron de midy celle de lad. damoiselle Chapuzée appelée la vigne Auroux de couchant le jardin de Jean Volin et le chemin de Saint-Vitte à Epineuil et de septentrion les vignes dud. Vollin et celles desd. mineurs de Salle Plus un pré appelé le Grand Chomât avec un morceau de terre de quatre boisselées ou environ comme aussy en pré le tout se tenant ensemble led. pré contenant à queuillir sept charroix de foing ou environ qui jouxte de devant le pâtural desd. mineurs Desalle de midy le chemin d'Epineuil à Saint-Vitte de couchant le chemin dud. Saint-Vitte à Cornençays et de septentrion autre chemin allant dud. Saint-Vitte aux vignes des Gabillats plus une pièce de terre appelée les Gabillats de contenance de trente boisselées ou environ qui jouxte de levant une terre dépendant de la seigneurie de Cornançays de midy celle appartenant a ladite damoiselle Chapuzet et le patural desd. mineurs Dessalle de couchant la vigne de lad. Chapuzet ainsy que de septentrion icelle de lad. venderesse et ses pâtureaux compris en la présente vente cy après confinés Plus la vigne appelée les Gabillats a présent en désert contenant environ quinze journées qui jouxte des levant et midy lad. terre des Gabillats ci-dessus confinée de couchant la vigne de lad. damoiselle Chapuzet et de septentrion les pâtureaux des Gabillats cy-après confinés Plus lesd. patureaux des Gabillats dans un enclos contenant environ quarante boisselées qui jouxte d'une part de levant le patural de lad. damoiselle Chapuzet du midy lad. terre de Cornençays celle cy-dessus des Gabillats et lad. vigne des Gabillats de couchant le chemin de Saint-Vitte a Cornençays et de septentrion les susdits patureaux de lad. damoiselle Chapuzet Plus une terre appelée la Chaume Pereau de vingt boisselées ou environ qui jouxte de levant la terre dud. Jean Vollin et aux Mérat de midy la terre et pré de Jean Buchet de couchant le chemin de Saint-Vitte à la prérie des Cuves et de septentrion le pâtural de lad. damoiselle Chapuzet et celui dud. Vollin Plus un petit pré situé dans la prérie des Cuves appelé le pré du Poirier contenant deux charroix de foing ou environ qui jouxte de levant un ancien chemin allant de Saint-Vitte aux Chambons et de là aux Raix [1] de midy un communal appelé le Quéroir des Cuves de couchant le pré de Jean Buchet et de septentrion le pascage dud. lieu des Chambons dépendant de Cornançays en partie et de lad. damoiselle Chapuzet ung pré renfermé de ses buissons Plus un pré appelé Pré Menuzier contenant a queuillir environ cinq charroix de foing qui jouxte de levant led. Quéroir des Cuves, de midy le pré de Montégut, [2] de couchant et de septentrion lesd. Chambons led. pré en deux morceaux et jouxte encore le pré dépendant de lad. cure de Saint-Vitte Plus une terre appelée Terreblanc contenant cinq boisselées ou environ qui jouxte de levant la terre du sieur Aujohannet de midy le chemin de Saint-Vitte à Souligny [3] de couchant la terre de Sol et de septentrion un ancien chemin allant de Saint-Vitte aud. Souligny ; Et générale-

---

(1) — Les Raix ou Rais sont situés entre Champ-Blanc, Piaujean, Cornançay, les Pinaudats, et les Laudats [carte du Ministère de l'Intérieur ; feuille XVII — 22].

2) — Montaigu est situé à gauche de Saint-Vitte, à la côte 208, entre Les Loges, le Domaine du Bœuf et le Piaulet.

(3) — Le château de Souligny est situé à la cote 262.

ment tous autres héritages qui pourroit appartenir à la damoiselle venderesse situés aud. Saint-Vitte et environs qui pouroit être obmis au présent contract et comme Icelle les avait affermé à Jean Peyrot sans aucune réserve et yceux bathiments et héritages ainsy vandus franchement et quittement de tous debtes hipotéque et autres rentes générallement quelconques a l'exception de deux sols qu'elle paye annuellement de rente a la baronie d'Espineuil sur la vigne appelée les Grandes Vignes ne sachant qu'il en soit dù sur tous les autres bathiments et héritages pour n'en avoir jamais payé que sy il s'en trouve ils seront à la charge de l'acquéreur quittes des arre rages jusqu'aujourd'huy. La Présente Vente ainsy faite pour et moyennant le prix et somme de quatorze cents livres laquelle somme led. acquéreur a promis et sera tenu de payer en l'acquit de la damoiselle vendresse a ses créanciers légitimes lesquelles Elle indiquera aud. sieur acquéreur dans sa volonté auxquelles il sera tenu de payer les sommes a quoy elle sera tenue jusque a concurrence de lad. somme de quatorze cents livres Et sy il se trouve que lad. somme soit plus que sufisante le sieur acquéreur sera tenu de luy payer le restant d'huy date des présentes en un an. Et après l'indication des créanciers l'aquéreur fera lesd. acquittements en sorte que la vendresse n'en soit inquiéttée et retirera les tiltres ou elle se trouvera obligée qui luy resteront pour plus emple sûretté de son acquisition le tout à peine de tous despans et domages intérests Et par les présentes lad. vendresse a déclaré qu'elle doit une rente annuelle de vingt-deux livres et un sol a chascun jour quatre aoust en principal de quatre cent quarante une livres aux héritiers de feu Etienne Goubaud laquelle susdite rente led. sieur acquéreur sera tenu de servir ou icelle acquitter à son choix le subrogeant pour le placer en ses droits Laquelle rente est hipotéquée sur toutes les choses vandues comme aussy sera tenu d'acquitter les arrérages qu'elle se trouvera debvoir de lad. rente auxdits héritiers Goubaud après qu'elle aura fait compte avec iceux duquel compte de ce qu'elle leur devra elle fera déclaraon verballement seullement aud. sieur acquéreur comme de ses autres créanciers que sy elle est tenüe de luy faire par escript que ce sera aux fraix dud. acquéreur Et lequel fera comme dit est les acquittements incontinent qu'elle aura fait et réglé ses comptes et l'en fera tenir quitte par sed. créanciers a concurrence comme dit est de lad. somme de quatorze cents livres Et au moyen de lad. présente vente lad. damoiselle vendresse s'est desmize desfaite et desvestue de toutes les choses vandües et en a saisy et vestu led. sieur acquéreur et les siens Consent a cet effait qu'il en prenne possession quand bon luy semblera Et sur le champ led. sieur acquéreur en présence de la damoiselle vendresse et des tesmoingts cy-après nommés et avec ycelluy nous sommes transportés dans tous lesd. héritages et bathiments cy-dessus ouïr la prise (de) la vraye actuelle réelle et corporelle possession par l'entrée en jouissance qu'il a fait dans deux bathiments et héritages fermé et ouvert les portes et fenêtres et fait tous autres actes de vraye propriétaire et possesseur ou nulle ne s'est présenté pour y faire empeschement dont acte Lesd. chozes ainsy vandües avec les droits de communages pascages usages bois buissons et autres chozes en despendant et par exprès l'usage que lesd. biens ont dans le bois de Lespaud [1] pour le pascage

---

(1) — l. Espau, ferme près du bois de ce nom, sise au sud de Saint-Vitte, entre La Motte, l'Escoussat, Marçais les Moinertits, le Fondreau et les Grelins ; [carte du Ministère de l'Intérieur].

et autres choses portés par le contract d'affouage fait à la vendresse lequel elle sera tenüe de mettre ès mains dud. sieur acquéreur led. droit néanmoins sans garantie luy remetra aussy tous les tiltres qu'elle peut avoir de bonne foy concernant ès choses vandües Et a esté recognu par lesd. parties que lad. vignes appelée les Grandes Vignes située dans led. bourg de Saint-Vitte de six journées est entré dans le prix de la présente vente pour la somme de six vingt livres Et comme les choses vandües sont à présent affermées aud. Jean Peyrot led. sieur acquéreur sera tenu de le laisser jouir jusqu'au jour de Saint-Martin prochain subrogeant la damoiselle vandresse led. acquéreur dans ses droits pour se faire rendre lesd. biens comme led. Peyrot y est obligé par la ferme qu'elle luy en a fait par devant Bobinet notaire royal, Et outre le prix de la présente vente a été payé présentement comptant par led. sieur acquéreur à la damoiselle vendresse par forme d'espingle la somme de quarente livres et dix livres de despenses faites en passant les présentes et faisant les accordements en plusieurs fois Et a l'entretenem' des présentes les parties y ont respectivement obligé tous leurs biens la damoiselle vendresse a la garantie comme dit est des choses vandues et l'acquéreur au payement et acquittement de lad. somme de quatorze cents livres suivant les dellegations qui luy seront faites verballement comme du surplus s'il y a dans le terme dès autre part expliqué Et par ces présentes demeure par spécial hipotèque les choses vandues et génerallement tous les autres biens dud. acquéreur présents et advenir sans que la généralité déroge a la spécialeté, et la spécialeté à la génerallité une des conditions n'en cessant pour l'autre Car Ainsy fut fait et passé au bourg de Saint-Vitte avant mîdy le trentiesme jour d'aoust mil sept cent dix sept en présence de Mre Toussaint Pourrade huissier royal demeurant à Nassigny, Louis Moreau chirurgien demeurant au bourg d'Epineuil et encore de Jean Granet hoste demeurant à Vallon tesmoingts lesquelles et led. parties ont dit ne sçavoir signer De ce enquis Sauf les soubsignés Et soit controllé La minutte est signée Anne Aujohannet, Dubreüil, Pourrade, Moreau et du notaire soubsigné Et au bas est escript Controllé et insignué à Nassigny le trente aoust mil sept cent dix sept Reçu dix huit livres dix sols Signé : **Pourrade commis**.

Bonnet, notre. » (1)

7.— Dubreuil (François) marchand à Vesdun épousa en premières noces le 4 mars 1726 Marie-Anne Chapus, veuve de François Bouconnard, greffier de La Forêt, dont il eut : — *a* — Marie-Anne qui épousa Gilbert Piron dont elle eut au moins : 1) Magdeleine Piron, baptisée à Saint Vitte (2) le 28 novembre 1753 ; (2) Jean Piron baptisé aussi à Saint-Vitte le 25 novembre 1754 (3) — *b* — Louis né vers 1726, décédé chez son père, à Vesdun, à l'âge de 4 ans environ le 9 novembre 1730 et inhumé le lendemain dans l'église « en présence de Monsr Droing cyrrugien. »

---

(1) — Grosse en parchemin, provenant de nos Archives de famille.

(2) — Parrain : Vincent Dubreuil, § III, 9, [rég. par. Vesdun].

(3) — Marraine : Dlle Marie Dubreuil, § III, 8, *a*. —

François Dubreuil fut parrain à Vesdun de François Jacquelin le 5 mars 1727 et, le 9 février 1729, il assistait et signait à l'acte de mariage de Charles Lafond fils de feu Philippe Lafond et de défunte Marie Droing avec Marie Pétoin, fille de Claude Pétoin et de Marie Hièle (1). A cette époque il était veuf.

Il se remaria en 2mes noces à Vesdun, le 21 février 1729 avec Damoiselle Marie Drouen, al. Droing (fille de Georges Droing. Mr chirurgien et de Marie Lamaille (2). De cette seconde union naquirent : — c — Marie qui fut baptisée à Vesdun, trois jours après sa naissance, le 5 septembre 1720 et eut pour parrain Mr Marc-Anthoine Grangeron, chirurgien, et pour marraine damoiselle Marie Lamaille (3), sa grand'mère. — d — Gatien, baptisé à Vesdun le 23 septembre 1731, qui eut pour parrain messire Gatien Girard prieur curé de Saulzais le Potier, et pour marraine dame Françoise Arnaud ; — e — Marie-Anne, née le 28 novembre 1732, baptisée le surlendemain, qui eut pour parrain Mr Georges Droing, chirurgien, son grand-père, et pour marraine damoiselle Marie-Anne Desfougères : — f — François (4) né le 10 septembre 1735, baptisé le 11, qui eut pour parrain Mr François Dubois, marchand et bourgeois de Vesdun ; et pour marraine Damoiselle Françoise Dubreuil.

Devenu veuf une seconde fois, François Dubreuil épousa en troisièmes noces, à Vesdun, le 3 juin 1741, Marie Desfougères, veuve aussi en 2mes noces de Annet Praton. Etaient présents audit mariage : Gilbert-Antoine Desfougères, Magdeleine Froidefond et Martial Pupille. De cette troisième union, naquit : — g — Marie, baptisée le lendemain de sa naissance, 13 juin 1743 à Vesdun ; le parrain fut Charles Desfougères et la marraine Marie Dubois. Marie Dubreuil mourut à Vesdun et y fut inhumée le 14 octobre de la même année 1743, en présence d'Antoine Desfougères et de Jean Robin.

Enfin le 11 février 1744, François Dubreuil assistait au mariage de son neveu Jacques Dubois (5) avec Jeanne Desfougères (fille d'Antoine Desfougères et de Magdeleine Froidefond).

§ III

Branche de la Motte

8. — Dubreuil (Gilbert) sieur de la Motte, né vers 1711, est qualifié dans les actes publics chirurgien et bourgeois de Saint-Vitte.

Le 12 Janvier 1739 il fut témoin au baptème de Jean Ovity, à Vesdun. Il fut parrain de Gilbert Buchet, le 27 août 1744, à Saint-Vitte : de Louis Chapus, le 11 Décembre 1745, à Epineuil ; de Jeanne Desfougères (6), sa petite nièce, le 15 février 1746, à Vesdun ; et d'Elisabeth Porcher, le 22 avril 1757

---

(1) — Lisez « Yel » — rég. par. Vesdun].

(2) — Nous trouvons comme signataires de l'acte de mariage : Dubreuil. — Pourrade, — Moreau, — Droing, — A. Chaput et Gayet, curé de Vesdun.

(3) — Epouse de M. Georges Droing, chirurgien.

(4) — Il eut très vraisemblablement postérité à Chambérat. [Voir § 1, 3 et 4].

(5) — Voir § II, 6, b.)

(6) — Fille de Gilbert Desfougères, demeurant à Vallon, et de Marie-Aimée Dubois. [Voir § II, 6, b].

à Saint-Vitte. Le 17 février 1750, il assistait et signait aux obsèques de Mre Pierre de Fradel, écuyer, sieur de Souligny ; le 3 janvier 1760 à celles de Mre Antoine Gilbert, curé de Saint Vitte ; et le 11 octobre 1763, à l'inhumation de sa belle sœur Damoiselle Marie Robin de la Chaume, décédée la veille à l'âge de 69 ans environ. Le 18 novembre 1749, il était présent aux noces de sa nièce, Marie-Anne Moreau [1] ; le 8 novembre 1763, il assistait au mariage de son pupille Jean Dubois [2], chirurgien-juré, de la paroisse de Lignières, avec Jeanne Brani ; et c'était en qualité « d'oncle et de curateur de la future » que, le 31 janvier 1764, il se trouvait à celui d'Elisabeth Moreau [3] avec Me Louis Béchet, bourgeois. Il était également présent, le 4 janvier 1765 à l'union d'Antoine Pallot avec Gabrielle La Rüe ; à celle de Michel Dutet avec Elisabeth Lhomaunier, le 2 mars 1767 ; et, le 22 février 1770, au mariage de Jean Aufauvre avec Jeanne Séva [4].

Gilbert Dubreuil épousa au Châtelet, le 7 février 1735, Anne Robin de la Chaume, née le 11 novembre 1708 [5] (fille de Louis Robin, sieur de la Chaume, marchand-tanneur [6] et de Marie Segondat) [7]. Nous avons plusieurs actes concernant Anne Robin, épouse de Gilbert Dubreuil : Elle fut marraine à Saint-Vitte le 6 mai 1738, d'Antoine Bompard ; d'Anne

---

(1) — Fille de feu M. Joseph Moreau, bourgeois, et de Françoise Dubreuil. — [Voir § II, 6, *c*].

(2) — Fils de feu François Dubois et de feue Jeanne Robin.

(3) — Fille mineure de feu M. Joseph Moreau, bourgeois et de défunte Dlle Françoise Dubreuil. — [Voir § II, 6, *c*].

(4) — Rég. par. de Vesdun, Epineuil, Saint-Vitte.

(5) — Elle fut baptisée le 12 et eut comme parrain, Gilbert Lenoir, chirurgien, époux de Marie Robin et pour marraine, Anne Goubault, épouse de Jean Segondat. — Elle eut au moins cinq frères ou sœurs ; savoir : — *a* — Marie Robin, née le 22 novembre 1695 eut pour parrain, messire Pierre Segondat, prieur-curé d'Ardenais, pour marraine, Françoise Boursault. Elle épousa le 21 avril 1722, Nicolas Barronet, fils de feu Edme Barronet et de Marie Carré]. C'est probablement elle qui fit, le 15 mai 1754, une donation à sa sœur Anne Robin, femme de Gilbert Dubreuil. — *b* — Barbe Robin, baptisée le 7 décembre 1699, eut pour parrain Pierre Robin, son oncle paternel, et pour marraine Barbe Riot, son aïeule maternelle. — *c* — Pierre Robin, mort au Chatelet le 5 janvier 1706, à deux ans et demi environ. — *d* — Jeanne Robin baptisée le 12 Septembre 1705, eut pour parrain Jean Segondat et pour marraine Jeanne Segondat, ses oncle et tante maternels. Elle épousa le 13 février 1725, François Dubois, marchand teinturier, [fils de défunt Me Louis Dubois, huissier-royal et de Dlle Jeanne de la Grange] dont postérité. — *e* — Jean Robin, baptisé le 28 avril 1712, eut pour parrain Me Jean Tavarin sieur de la Boierre des Riaux ; et pour marraine Dlle Marie Boucher. [Rég. par. de Puyferrand, Le Châtelet].

(6) — Les Robin Sieurs de Paray, Les Riaux, La Ronde, Villeneuve, La Cotardière, La Motte d'Ardenais, La Chaume, La Font, Le Vernet, Nerez, Boulaize, Les Tavarins etc... sont originaires du Berry. L'un d'eux, Philippe Robin, sieur de la Cotardière, Nerez, Boulaize, etc... fut reçu conseiller-secrétaire du roi au parlement de Metz, le 14 mars 1779 ; il avait obtenu par lettres patentes du 20 octobre 1777 signées du Président d'Hozier, le règlement des armoiries suivantes : « D'azur, au lion passant d'or, armé et lampassé de gueules, surmonté d'un mouton d'argent. » — Principales alliances : Bujon des Brosses, d'Orsanne, Moreau, Libault, Joubannin, Lenoir, Boucher, Roux, Boursault, Barthoulat, Jolivard, Dupuy, Péron, Porcher de Lissaunay comtes de Richebourg, Fauvre de la Pivarderie, de Martigné, Mazeron, Brugière de La Motte, etc.... [Arch. du Cher : B, 3556 ; E, 3341. — Rég. parois. — Buhot des Kersers : Statistique monumentale du dép. du Cher. — Duguet : La Châtre au XVIIe siècle. — Mallard : Hist. des deux villes de Saint-Amand et du château de Montrond. — Annuaire de la Noblesse. — De Maransange : Armorial du Berry ; etc ..].

(7) — Marie Segondat [fille d'honneste homme Jean Secondat et de Barbe Riot] fut baptisée le 13 août 1680 et eut pour parrain honorable homme Pierre Mignot, Lieutenant du Chastelet et pour marraine Dlle Marie Sartin. — La famille Segondat semble originaire de Puyferrand ; elle s'est alliée à différentes familles bourgeoises de la contrée, comme les Goubault, les Roux de la Vallette, les Germain, etc..... [Voir Arch. de l'Allier : B. 843].

Vovenet, le 6 juillet 1744 ; d'Anne Messageon, le 22 janvier 1769 puis enfin le 21 février 1769, de sa petite-fille Anne Dubreuil.

Et, le 18 mai 1754, Marie Robin faisait une donation à sa sœur Anne Robin, femme de Gilbert Dubreuil [1].

Anne Robin mourut le 23 juillet 1782 et fut inhumée le lendemain à Saint-Vitte [2]. Son mari ne lui survécut qu'un an et, décédé le 8 juillet à l'âge d'environ soixante douze ans, il fut inhumé le lendemain 9 juillet 1783, en présence de Messieurs Tabouët, curé de Saulzais-le-Potier et Delaroche, curé de Saint-Vitte.

Ils laissaient de leur mariage : — a — Marie [3], qui fut baptisée le 24 juin 1737 à Epineuil et eut pour parrain Jean Dubois et pour marraine Marie Moreau. Elle fut marraine à Saint-Vitte, de Louis Bétoin le 8 novembre 1748 ; de Marie Buchet, le 6 juillet 1754 ; de Jean Piron le 25 novembre 1754 ; de Gilbert Auroy, dont le parrain était Gilbert de Fradel, écuyer, sieur de Souligny, le 16 mai 1756 ; de Jean Gilbert, le 15 février 1759 ; de Gilbert Molard, le 30 août 1762, à Épineuil ; de Charles Porcher, le 10 mai 1764, à Saint-Vitte ; de Pierre Gauzard, le 9 août 1765 ; de Jean Gosard, le 20 novembre 1768, à Epineuil ; de Marie Fauvre, le 25 janvier 1771, à Saint-Vitte ; de Marie-Rosalie Lecluse, le 28 mars 1772 et de Joseph Martin, le 9 août 1779 [4]. Le 8 février 1756, c'est en sa faveur que Jean Dubois, soldat au régiment de Piémont-Infanterie, faisait une « donation à Marie Dubreuil, sa cousine et filleule ». [5] Elle mourut célibataire à l'âge de 47 ans, le 2 février 1784 au matin, et fut inhumée, le lendemain, à Saint-Vitte. — b — Jean, qui naquit le 7 janvier 1740, fut baptisé à Saint-Vitte le surlendemain et eut pour parrain Jean Robin [6] ; et pour marraine, D⁹⁾ Marie Dubreuil [7]. Il fut parrain à Saint-Vitte le 9 août 1758, d'Élisabeth Torinat [8]. — c — Vincent, qui suit ; — d — Nicolas, auteur de la branche § IX.

9. — Dubreuil (Vincent) sieur de la Motte, naquit le 22 juin 1741 à Saint-Vitte où il fut baptisé le lendemain. Son parrain était Vincent Porcher, sieur de Vielleville et sa marraine, D⁹⁾ Marie Roux.

Le 7 août 1753, il fut parrain à Saint-Vitte, de Magdeleine Perrinet ; le 28 décembre 1753, de Magdeleine Piron ; le 20 janvier 1754, de Vincent Bétoin ; le 6 janvier 1759, de Marie Dutet. Le 28 juin 1768, il assistait à l'union de Gilbert Baune avec Marie Gagnepain et, le 6 février 1769, au double mariage de François Barreau avec Jeanne Le Roy d'une part, et de Gilbert Thibaudeau avec Marguerite Perrinet, de l'autre.

Vincent Dubreuil était contrôleur des aides à Vichy ; il vint habiter Saint-Vitte le 20 mars 1768. Il épousa en premières noces, le 8 février 1768, Gil-

---

(1) — Arch. de l'Allier : B, 769.

(2) — Reg. par. de Saint-Vitte.

(3) — On trouve aussi Marie-Julie. — Voir reg. par. de Saint-Vitte du 3 février 1784.

(4) — Reg. par. de Saint-Vitte et d'Epineuil.

(5) — Arch. de l'Allier : B, 771.

(6) — Voir § III, 8, note Robin.

(7) — Voir § II, 6, g.

(8) — Dont la marraine était Elizabeth Moreau, cousine-germaine dudit Jean Dubreuil. — [voir § II, 6, c.]

berte Rigondet (fille de Pierre Rigondet [1], chirurgien-juré et d'Élisabeth Vigerot`, dont il eut : — *a* — Anne, qui, née le 21 février 1769 à Saint-Vitte et baptisée le même jour à 9 heures du matin, fut tenue sur les fonts baptismaux par « Nicolas Dubreuil, au lieu de Pierre Rigondet, marchand-apothicaire de la ville de Vichy, son parrain, et par Anne Robin, sa grand'mère paternelle : Elle mourut le 22 avril 1774 et fut inhumée le lendemain dans la chapelle Saint-Vitte, en la paroisse de ce nom.

Gilberte Rigondet mourut des suites de ses couches, le 26 février 17`9 et elle fut inhumée dans l'église. [2]

Vincent Dubreuil, qualifié bourgeois dans les actes précités, vint se fixer à Moussais en 1773. Il épousa en deuxièmes noces à Viplaix, le 20 février 1773, D`° Marie-Anne Maugenest (fille de Jean-François Maugenest, [4] sieur des Fosses, notaire et procureur au bailliage de Culan ; et de Marie-Anne Lemyre [3]), dont il eut : — *a* — François-Amable qui suit ; — *b* — Gilbert-Louis, né le 28 mai 1775 qui, lors du partage du 10 vendémiaire an XIV, fait entre ses frères et lui, resta dans l'indivision avec son frère Claude Dubreuil. Il mourut le 8 mai 1842, sans avoir contracté d'alliance. — *c* — Aubin, né le 9 mars 1777 et baptisé en l'église d'Ourouzat, près La Chapelaude, était décédé avant le partage de l'an XIV — *d* — Claude, auteur de la branche de La Forêt § IV ; — *e* — Benoist, né le 14 mars 1782 était aussi décédé lors du partage de l'an XIV ; — *f* — Alexis, auteur de la branche de Viplaix, § V.

Vincent Dubreuil était venu habiter la Chapelaude en 1774 ; il mourut

---

(1) — Les Rigondet étaient domiciliés à Vichy depuis assez longtemps. On trouve en effet, à la date du 3 février 1721 des Lettres de Provisions pour sergent-royal à Vichy, en faveur d'Étienne Faulquemont, au lieu de feu Charles Rigondet. [Arch. de l'Allier : B, 850]

(2) — .... » a été inhumée dans l'église Dlle Gilberte Rigondet, vivante, femme de Vincent Du Breuil, bourgeois de cette paroisse, décédée d'hier à l'âge de 24 ans environ. . . . »

(3) — Marie-Anne Maugenest eut pour frères et sœurs : — *a* — Marc-Alexis, né le 25 avril 1741 qui eut pour parrain, Me Alexis Maugenest, curé de Viplaix , — *b* — Jean-Baptiste, né le 26 juin 1743, qui eut pour parrain, J.-B. Tabouët de la Foy et mourut le 11 janvier 1746. — *c* — Jean né le 14 juillet 1744, décédé le 3 avril 1747. — *d* — Gilberte née le 16 août 1747. — *e* — Jeanne, née le 28 février 1746, décédée le 4 prairial, an II ; avait épousée le 12 mai 1777, Claude Boutet-Lasseigne, sieur de Château-Gaillard [fils de Claude Boutet sieur de La Seigne et de Marie Gessier]. — *f* — François, qui, s'opposant à l'envoi à l'échafaud de ses compatriotes décrétés suspects s'acquit, en 1793, la reconnaissance de toute la population montluçonnaise ; [voir l'opuscule de M. des Gozis : Nos grands Montluçonnais]. Il devint membre du Conseil des Cinq Cents puis de la Chambre des Députés et épousa le 10 juin 1782, Marie-Anne Meillet [fille de J.-B. Meillet sieur des Guérins et de Anne Meillet] dont postérité. — *g* — Luce, née le 14 septembre 1754 et mariée le 11 septembre 1780 à Pierre Camus de Censive· — Marie-Anne Maugenest, épouse de Vincent Dubreuil, naquit le 19 juin 1742 ; son parrain fut Me Antoine Lemyre.

(4) — Les Maugenest sieurs des Ligniers, les Fosses, le Pommeix, Reveillère, la Preugne, Pergyrolle, les Rats, Fosseronde, Montmartin, la Besche, Goëlla, la Touratte etc. , en Berry et Bourbonnais, portent : « D'argent à un genêt de sinople, planté sur une terrasse de même et accosté de deux hauts pommiers aussi de sinople fruités de gueules » — [Armorial de la Généralité de Bourges. — De Maransange : Armorial du Berry. — De Soultrait et de Quirielle : Armorial du Bourbonnais. — Pièces originales : 1893, cote 43627. — Arch. de l'Allier : B, 753, 755, 773, 774, 847, etc... — Arch. du Cher : B, 2558, 3801, 3802, 3811, 3820, 4167 ; E, 615, 618, 619, 623, 626, 631, 638, 674, 684, 690, 1005. — Rég. paroissiaux. — Arch. Nationales : P, 448 cotes, 164 et 204 ; 461, cotes 69 et 167 aveux [Villate-Duchier]. —

(5) - Les Lemyre, al. Lemire, sieurs de Vérigny et des Lignières, portent : « D'argent fretté de sable à une aigle d'or brochant sur le tout. » [Armorial de la Généralité de Moulins]. — Marie-Anne Lemyre était fille de Jean Lemyre, sieur des Lignières, et de Catherine Maugenest.

à Saint-Vitte, le 22 pluviose an VII, à 5 heures du matin [1] Demeurée veuve, Marie-Anne Maugenest, le 10 vendémiaire au XIV, « considérant que son âge et ses infirmités ne lui permettaient plus d'administrer ses biens et ceux de ses dits enfants », leur fit l'abandon du tout [2] aux conditions suivantes : « . . . . . Je me réserve et mes dits enfants me délaissent pour leur part l'usufruit ma vie durant de la maison de Saint Vic Saint-Vitte) que j'habite, meubles, bestiaux et dépendances d'icelle, à l'exception du petit vignoble cultivé par Paraulin et du pré Mortai que je leur abandonne avec les autres biens. Ils me paieront solidairement chaque année quatre cents livres de pension viagère, me donneront quatre pièces de vin et quatre septiers orge bonne qualité ; le tout par avance en quatre termes égaux, à commencer du premier brumaire prochain. Ceux qui auront les domaines de Saint-Vic et La Motte, me feront faire par leurs métaïers, tous les charrois dont j'aurai besoin, garder mes bestiaux avec les leurs, labourer de toutes leurs façons et cultiver les terres de la réserve que j'ai coutume d'ensemencer et je continuerai de prendre dans lesdits domaines le bois nécessaire pour mon chauffage. Ledit abandon encore fait sous la condition expresse que mes dits enfants feront incontinent le partage, tant des biens de leur père que de ceux que je leur délivre pour éviter toute contestation après ma mort et afin que j'emporte la certitude qu'ils vivront en bonne intelligence . . . . . ». [3]

Marie Anne Maugenest, veuve Dubreuil, mourut à Saint Vitte, le 4 juillet 1814.

10 — Dubreuil François-Amable), naquit le 21 juin 1774, à trois heures du matin et fut baptisé à La Chapelaude le lendemain. [4] Il eut pour parrain « Monsieur François Maugenest, licencié ès-droist » et pour marraine « damoiselle Marie Dubreuil ».

Il habitait Saint-Amand où il était « pharmacien-apothicaire » lors du partage du 10 vendémiaire an XIV, et il obtint pour sa part « le segond lot, composé du domaine de Saint-Vic (Saint-Vitte) estimé dix-huit mille livres, de trois mille sept cents livres à prendre sur les rapports dont sont tenus François-Amable [5], Gilbert-Louis et Claude Dubreuil, et de quatre cents livres de mobilier : Le tout vingt-deux mille cent livres ». Il épousa Thérèse Ralichon, née le 25 avril 1776 [6] à Touchay (fille de Blaise Rali-

---

(1) — Extrait sur timbre, des registres de décès de la commune de Saint-Vitte, délivré le 21 germinal an IX, par le maire Porcher ; [nos archives]. Il avait en 1784, hérité par moitié avec son frère Nicolas [§ IX], des biens de sa sœur Marie.

(2) — Aussi bien de ses propres, que des biens dépendant de la communauté qui avait existé entre Vincent Dubreuil et elle.

(3) — Original en papier signé de tous les copartageants ; [nos archives].

(4) Extrait des registres des actes de naissance de la commune de la Chapelaude, délivré le 21 germinal an IX, par le maire Du Creuset. [Nos Archives].

(5) — C'est-à-dire lui-même.

(6) — Elle fut baptisée le lendemain et eut pour parrain : Jean-Jacques Ralichon, prêtre-vicaire de Culan et pour marraine, Dlle Thérèse Chapuzet. — Elle eut comme frères et sœur : a — François-Bertrand Ralichon baptisé le 14 avril 1775, qui eut pour parrain Bertrand Villatte de Sept-Fonds, son oncle maternel, et pour marraine Dlle Marguerite Martinet, son aïeule paternelle ; — b — Jeanne Ralichon baptisée le 24 mai 1777 qui eut pour parrain, Claude Desange, son oncle maternel et pour marraine, Jeanne Ralichon sa tante ; — c - Jacques Ralichon, baptisé le 10 mars 1779, qui eut pour parrain Jacques Ralichon, son oncle, et pour marraine Dlle Marguerite Dubois.

chon [1] sieur des Goutaux [2], bourgeois, et de dame Marie-Catherine Chapuzet [3], qui mourut le 26 août 1827 [4] au Breuil, commune de Saint-Amand.

En 1818, François-Amable Dubreuil, acquit du sieur Pétel le domaine des Colas, près Saint-Amand ; vers la même époque il avait acheté Le Breuil (commune de Saint-Amand) où il mourut le 25 septembre 1840 [5]. Dès 1811, il était possesseur à Saint-Amand, dans la rue des Soupirs (actuellement rue Marceau) d'un terrain sur lequel fut construit l'immeuble qu'habite encore actuellement sa petite-fille Madame veuve de Laguérenne, née Dubreuil. Cette possession est prouvée par un sous-seing en date du 10 septembre 1811, passé entre ledit sieur Dubreuil et son voisin, Mr Pierre Rameau [6]. Enfin, le 28 décembre 1826, par acte sous-seing privé, passé triple à Charenton, François-Amable Dubreuil et Thérèse Ralichon vendirent le domaine de Boisroux [7] et le quart d'un second domaine situé au même lieu et indivis entre eux et Messieurs Mille, Mousnier et Ralichon ; pour acquérir à la place, l'un des domaines des Odonnais, situé commune de Charenton [8].

Ils laissèrent Claude-Adolphe, qui suit.

11 — Dubreuil (Claude-Adolphe), naquit à Saint-Amand le 29 pluviose, an X [9]. Il a laissé un souvenir, encore très vivace à l'heure actuelle, parmi la population Saint-Amandoise. Dès 1831, il avait été appelé à siéger parmi les membres de la municipalité ; il y tint une place importante pendant quinze ans, ainsi que le constate cet extrait du procès-verbal que nous avons sous les yeux [10] : « Aujourdhui 9 février 1847, le Conseil Municipal de Saint-

---

(1) — Il mourut le 14 juin 1782, au château de l'Isle-sur-Arnon qu'il habitait, étant régisseur de cette dite terre ; il fut inhumé à Touhay le lendemain. — Les Ralichon sieurs de la Villatte, les Goutaux et Saint-Vidal ont aujourd'hui disparu : la branche de Saint-Vidal tenait un certain rang à Paris sous le règne de Charles X. Ils s'allièrent aux Bujon, Robert, Patin, Thorineau, Peron de Ripole, Demay, Martinet de la Pouillade, Mille, Mousnier, etc...

(2) — Les Goutaux, al. Goutauds sont cités au terrier de la baronnie de Culan ; [Arch. du Cher : E, 598] et il y avait à Vesdun la chapelle des Gouttaux ; [rég. par. de Vesdun ; acte d'inhumation du 8 février 1728].

(3) — Les Chapuzet, bourgeois, sieurs des Coux semblent originaires des environs d'Issoudun Ils se sont alliés aux Gendre, Favardin, Peron, Piquet. Trumeau des Fontaines, Pignot, Cadioux, Veillat, Champion, Roux. Guillot, Renault de Forest de Malvault, Gérouille, Dubois, de la Grange, etc . [Voir Arch. du Cher : E. 1913 et Rég. par]. Madame Ralichon des Goutaux, née Chapuzet, mourut à Lignières le 18 avril 1842, à l'âge de 89 ans. Sa sœur, madame Villate de Sept-Fonds, habitait dans la même maison et mourut le 11 octobre 1845, âgée de 97 ans, ainsi que le déclara son petit-fils, M. Ursin Boucheron, directeur des postes à Lignières. [Rég. d'Etat-Civil de Lignières].

(4) — Voir une quittance de droits de succession, émanant de la direction générale de l'enregistrement et des domaines, en du 22 février 1828 ; [nos archives]. — Elle fut inhumée dans le cimetière des Capucins à St Amand, actuellement paroisse Saint-Roch. [rég. d'Etat-Civil].

(5) — Il est inhumé dans le cimetière actuel de St-Amand.

(6) — Nos archives.

(7) — Situé communes d'Ids-Saint-Roch et d'Ineuil et provenant des propres de Mme Thérèse Ralichon. — On trouve des renseignements sur Boiroux aux Arch. du Cher : B, 863 et 1395.

(8) — Domaine provenant des familles Godin des Odonnais et Mallard, qui est actuellement encore entre les mains d'un des arrière petits-fils de l'acquéreur : Henry Grozieux de Laguérenne.

(9) — Un des témoins de la déclaration était Claude Dubreuil, agé de 22 ans environ, oncle de l'enfant ; voir § IV. — [rég. de l'état civil].

(10) — Extrait certifié conforme et signé du secrétaire du Conseil municipal : Godin. [Nos archives de famille].

Amand où étaient Messieurs Robertet, maire, président, Bonnichon, Vallet, Thévenard Paul, Thévenard-Guérin, Lebois-des-Guays, Henri, Touraton-Deschellerins, Augonnet, Rastier, Bordreuil, Bonnelat, Pelletier, Perinel, Boytière de Saint-Georges, Aujouannet, Dubreuil et Godin, réuni à la Mairie pour la session du mois de février, a d'abord nommé par la voie de scrutin, M. Godin, secrétaire pendant cette session.

Un membre fait ensuite la proposition suivante : Le Conseil a vu avec un vif regret, l'éloignement de M. Dubreuil, des fonctions municipales qu'il remplissait avec distinction depuis quinze années. Il se plait à reconnaitre que c'est en grande partie au dévouemet personnel et à la sollicitude éclairée et active de ce magistrat que sont dûs et le calme dont la cité a joui dans les circonstances difficiles de son administration et les mesures adoptées par le Conseil pour venir en aide aux classes indigentes et nécessiteuses et l'organisation définitive de la Société de Prévoyance pour l'approvisionnement des marchés.

Extrait de la présente délibération sera adressé à M. Dubreuil en témoignage de reconnaissance du Conseil municipal.

Cette proposition mise aux voix est adopté à l'unanimité.

M. Dubreuil prend alors la parole en ces termes :

Messieurs :

« La détermination qu'a cru devoir prendre à mon égard l'administration supérieure m'a autant affligé que surpris. J'étais loin de penser en effet, qu'après quinze ans de bons et loyaux services, après surtout les difficultés nées des circonstances présentes, difficultés résolues en grande partie sous mon administration, il dût être aussi facile de révoquer, destituer un ancien fonctionnaire. D'autre part, Messieurs, si cette mesure a eu quelque chose de pénible pour moi qui ne pensais pas avoir démérité, elle a eu pour résultat du moins de me révéler de nombreuses sympathies et la proposition qui vient de vous être soumise et à laquelle vous avez daigné vous associer, a été pour moi la récompense la plus précieuse à laquelle pouvaient prétendre les faibles services rendus a mes concitoyens Aussi veuillez être persuadés, Messieurs, que ces témoignages honorables de votre estime resteront à jamais gravés dans mon cœur. En échange, je vous en supplie, qu'il me soit permis de vous faire agréer l'expression de ma plus profonde reconnaissance ».

Le Conseil décide que cette allocution sera insérée textuellement au procès-verbal. »

Dès le 17 mai 1848, Claude-Adolphe Dubreuil devint maire de Saint-Amand et il resta en fonctions, de cette date jusqu'à sa mort, survenue en 1863. Il fut nommé chevalier de la Légion d'Honneur en 1852, pour prendre rang à dater du 4 janvier de la même année. A cette occasion il reçut du Préfet du Cher, en date du 17 janvier 1852, la lettre la plus flatteuse dont nous extrayons le passage suivant : « .... Monsieur le Président de la République, en vous remettant la décoration de la Légion d'Honneur, a voulu récompenser en vous, le magistrat pénétré de l'importance de sa mission et dévoué à l'accomplissement de ses devoirs ; l'homme qui consacre tous ses instants à assurer, autant qu'il dépend de lui, la tranquillité et le bien-être de ses concitoyens

L'autorité Départementale n'a pas reçu avec moins de plaisir que les habitants de Saint-Amand. la nouvelle de la haute distinction dont vous avez été honoré et je suis heureux de pouvoir vous adresser ici, mes félicitations avec l'expression de mes sentiments distingués. — Le Préfet du Cher. — De Barral [1]. »

Déjà le 5 janvier 1852, le Ministre de l'Intérieur lui avait écrit : «.... Par décret rendu sur ma proposition, le Président de la République vous a nommé chevalier de l'Ordre National de la Légion d'Honneur. J'ai saisi avec empressement une occasion de signaler à la bienveillante attention de M. le Président. le concours dévoué que vous avez apporté au Gouvernement dans les dernières circonstances et je me félicite d'avoir à vous transmettre un témoignage spécial de sa satisfaction.... — Le Ministre de l'Intérieur ; — Morny [2] »

Quatre mois après sa mort, en août 1863, la promenade qui fut annexée au prolongement de la route de Dun-le-Roi, promenade qu'il avait contribué à créer, recevait le nom de Promenade Dubreuil, ainsi que le constate l'arrêté du Conseil Municipal de Saint-Amand et le décret d'approbation de l'Empereur :

Messieurs,

« .... Le premier devoir que l'administration ait à remplir. est de rendre hommage à la mémoire de M. Dubreuil, ancien maire. Nous venons vous proposer, Messieurs, pour perpétuer le souvenir des bienfaits de son administration de donner son nom à l'une de ses créations Cette proposition est accueillie avec la plus vive sympathie et le Conseil décide à l'unanimité que la Promenade des Varennes prendra désormais le nom de Promenade Dubreuil. Et les membres présents ont signé. — Suit la teneur du décret d'approbation :

Napoléon, par la grâce de Dieu et la volonté nationale, Empereur des Français, à tous présents et à venir, salut. Avons décrété ce qui suit :

Article 1er. — Est approuvée la délibération en date du 5 juillet 1863, par laquelle le Conseil Municipal de la ville de Saint-Amand (Cher). a donné à la Promenade dite des Varennes, la dénomination de : Promenade Dubreuil.

Article 2. — Notre Ministre. Secrétaire d'Etat au Département de l'Intérieur est chargé de l'exécution du présent décret.

Fait au palais de Saint-Cloud, le 12 août 1863.

Napoléon.

Par l'Empereur, le Ministre Secrétaire d'Etat au Département de l'Intérieur : L. Boudet [3] ».

A ce sujet, M. Mallard. dans son Histoire des deux Villes de Saint-Amand et du Château de Mont-Rond [4], a écrit : « C'était justice de donner à cette promenade le nom du Maire, dont le zèle pour les intérêts qui lui

---

(1) — Original papier : [Nos Archives].

(2) — Original en papier : [Nos Archives].

(3) — Copie timbrée envoyée à la famille par la municipalité, certifiée conforme et signée du Maire de Saint-Amand : Loyer. [Nos Archives].

(4) — Bussière frères, imp. ; Saint-Amand (1895) ; p. 292.

avaient été confiés était infatigable. Aussi ne saurions-nous protester avec assez d'énergie contre la conduite du Conseil Municipal qui, en juin 1885, aveuglé par la passion politique et perdant tout souvenir des services rendus, décida que le Cours Dubreuil, s'appellerait désormais Boulevard de la République [1] ».

Il épousa à Lignières par contrat passé en la maison de Mᵉ Charles Trumeau le 5 septembre 1826, devant Mᵉ Guillaume-André Néraud, notaire-royal; et réalisé à l'église le lendemain, sa cousine issue de germain Mˡˡᵉ Marie-Rosalie-Félicité Boutet-Lasseigne [2] (fille de Mᵉ Pierre Boutet-de-La-Seigne [3]), sieur de Chatoûle et de dame Marguerite Adélaïde Trumeau [4]) résidant en leur propriété de Chatoûle, commune de Saint-Hilaire-en-Lignières. — Entre autres choses constituant sa dot, la future épouse apportait le domaine de La Seigne, situé commune de Perassay, canton de Sainte-Sevère (Indre) qui lui provenait du legs de sa grand'tante, Mademoiselle Marie Boutet de la Seigne, décédée à Montluçon, le 21 septembre 1823 ; terre dont les Boutet portaient le nom. Ce domaine fut vendu, ainsi que ce qui leur revenait dans celui de la Pointe Mazière, par M. et Mᵐᵉ Dubreuil-Boutet-Lasseigne, le 28 décembre 1826 [5] à Charenton, pour acquérir le second domaine des Odonnais.

(1 — L'Echo du Cher du 26 juillet 1908, écrivait encore à ce sujet : « Cours Dubreuil, ainsi appelé du nom de son créateur, un Mᵉ Dubreuil, alors Maire de Saint-Amand. Comme nous estimons que celui-ci a fait beaucoup plus pour la ville, que toutes les républiques réunies, nous continuerons à le dénommer ainsi, sans nous préoccuper autrement des autres baptêmes qu'on voudra bien lui donner. Ce ne serait pas la peine d'avoir fait tant de révolutions pour n e pas avoir la liberté de désigner une promenade, comme il plait à chacun. »

(2) — Née le 3 avril 1807 (rég. d'état civil de Lignières). — Elle était la petite fille de Claude Boutet, sieur de Lasseigne et de Château-Gaillard ; et de Jeanne Maugenest, sœur de Madame Vincent Dubreuil, § III, 9 : laquelle Jeanne Maugenest, mourut à Lange-Blanc (commune de Saint-Hilaire), le 4 prairial an II. — Il existe une sentence au profit de Claude Boutet, sieur de Lasseigne, contre Jacques Larduinat, aux Arch. du Cher : B, 1140. —

(3 — Les Boutet, sieurs de La Seigne, Le Faux, Saint-Christophe-en-Boucherie, Château-Gaillard, La Celle, La Charnaye, Chatoûle, etc..... sont originaires des environs de Pérassay. Ils sont incrits à l'Armorial Général avec un blason dont le dessin où s'est donnée libre cours la fantaisie de mauvais goût des commis de Vannier, est tel que nous le décrirons après Mᵉ des Gozis : « D'or à un petit bouc de sable *têtant* une chèvre de même sur une terrasse de sinople. » Ils se sont alliés aux Gaultier, Dantigny, Rossignol de la Ronde, Trumeau, Maugenest etc..... [Arch. Nationales : P : 448, cotes 163 et 205 ; 449, cote 46 ; 451, cote 41. — Arch. de l'Indre : E, 67. — Arch. du Cher : B, 1140 ; C, 826, 841, etc... — Dom Bétancourt : Noms Féodaux. — Laisnel de la Salle : Croyances et Légendes du centre de la France. — Mallard : Hist. des deux villes de Saint-Amand ; p. 234. — Revue du Centre (1887) ; p 47. — Rég. par . — Pierre Boutet, décéda le 6 février 1811, à Chatoule (rég. d'état civil).

(4) — Elle était fille de Jean-Charles Trumeau, sieur de Chatoûle, Bellair et Tuzeau, né à Saint-Hilaire, le 27 janvier 1754, qui eut pour parrain Jean Regnault, sieur de la Motte ; et qui mourut à Lignières, le 27 avril 1816 : Jean-Charles Trumeau, épousa le 21 septembre 1778, Dˡˡᵉ Marie Jalberat. Il fut longtemps maire de Saint-Hilaire-en-Lignières et, en août 1784, fut déchargé d'impôts, comme ayant payé les droits de franc-fief, pour jouissance pendant 20 ans du domaine de Tuysaut (Tuzeau). [Arch. du Cher : C, 1196]. — Les Trumeau, sieurs des Limards, Les Bordes, Les Fontaines, Mareuil, Les Cocas, Chatoûle, Bellair, Tuzeau, La Sablonnière, portent : « D'azur à un arbre d'argent et un serpent de même entortillé autour du tronc. » Alliances : Joly, Périsse, Bijotat, Parnajon, Désormeaux, Lebrun, Chapuzet, Regnault de la Motte, Vilatte, Bottu, Goyer, Signeux, Le Génissel. [Armorial Général. — Arch. du Cher : B, 846, 974, 3791 ; C, 892, 1196 — Arch. Nationales : D, IVᵇⁱˢ, 8. — Mallard : Hist. des deux villes de Saint-Amand. — Bruneau : Les Débuts de la Révolution dans le Cher. — Rég. par.]

(5) — Nos archives.

Et le 27 février 1836, ils acquéraient de M. et Mme Legrand-Robin, les terrains qui entouraient leur immeuble de la rue Marceau, à St-Amand (1).

Claude-Adolphe Dubreuil mourut au Breuil, le 21 mai 1863 et fut inhumé à Saint-Amand. Nous lisons à ce propos dans l'*Echo du Cher* du dimanche 24 mai 1863 : La mort de M. Dubreuil a produit dans Saint Amand une consternation générale ; chacun sent vivement la perte si regrettable que fait la ville, dans l'homme qui l'administrait depuis si longtemps avec tant de zèle et de dévoûment, et qui, dans ses difficiles fonctions, a toujours su se rendre digne de l'estime et de l'affection de tous. Aussi, est-ce avec bonheur, qu'ils ont vu, il y a une dizaine d'années, le Goúvernement récompenser ses longs services administratifs, en lui accordant la croix de la Légion d'Honneur. Nous aurions trop à dire, s'il nous fallait énumérer tous les titres de M. Dubreuil à la reconnaissance de ses concitoyens : mais le deuil général de la ville en dit assez : nous devons nous taire devant ce témoignage de sympathiques regrets et laisser à ceux qui ont vécu dans son intimité, le soin de retracer ses vertus civiques et privées.

Ses obsèques ont eu lieu hier à trois heures. La population presque toute entière a voulu assister à cette triste et douloureuse cérémonie. Ceux qui n'ont pu suivre le convoi formaient la haie sur son parcours. Toutes les physionomies portaient l'empreinte de la plus vive douleur. A deux heures et demie, le Conseil Municipal, conduit par le 1er adjoint et escorté de la compagnie des sapeurs-Pompiers avec sa musique, est venu à la Sous-Préfecture où l'attendaient M. le Sous-Préfet et les fonctionnaires qui y avaient été convoqués, tous en costume officiel, ainsi que la gendarmerie. De là, le le cortège s'est rendu à la maisón mortuaire où, quelques heures avant, le corps du défunt avait été amené. L'attaque qui nous a ravi Mr Dubreuil, l'ayant pris à sa campagne, il n'a pu être transporté en ville qu'après son décès. A trois heures, le convoi, précédé de tout le clergé, s'est dirigé vers l'église, qui s'est trouvée trop petite pour contenir tous les assistants.

Le cercueil, sur lequel brillait la croix de la Légion d'Honneur, était orné de tous les insignes du défunt. Les coins du poële était tenus par MM. le Sous-Préfet, le Président du Tribunal, Loyer, premier adjoint, maire par interim et Lebon, procureur-impérial. Suivaient immédiatement les membres de la famille, le Conseil Municipal, les fonctionnaires des diverses administrations, le Collège, l'Ecole mutuelle, les Etablissements de bienfaisance, puis une foule immense, qui l'a conduit jusqu'à sa dernière demeure. Là, M. Loyer a prononcé d'une voix émue, le discours suivant :

Messieurs,

« Nous ne pouvons quitter cette tombe sans dire un dernier mot d'adieu au magistrat, à l'ami qui vient d'y descendre, sans adresser un mot de consolation à la famille éplorée qui l'entoure. Ce cortège si nombreux qui se presse ici, exprime mieux que je ne pourrais le faire, que la cité vient de perdre un de ses membres qui lui furent les plus utiles, un de ceux qui lui furent les plus dévoués.

---

(1) — Nos archives.

Mr Dubreuil consacra en effet à son service la moitié de sa vie. Il fut membre de l'Administration Municipale plus de trente années, dont les quinze dernières en qualité de Maire. Ai-je besoin de vous rappeler, Messieurs, combien ces quinze années d'administration ont été fructueuses pour la commune ; il n'en est pas une seule qui n'ait pas été marquée par quelque création ou quelque amélioration. La ville embellie, la voirie complètement rétablie, éclairée, augmentée de nouvelles rues, de nouvelle promenades, l'instruction publique dotée de bâtiments nouveaux ou considérablement améliorés, les services de l'enseignement largement pourvus, la salubrité de l'alimentation publique, assurée par la construction d'un abattoir, les revenus communaux plus que doublés. En un mot, Messieurs, de tous les intérêts si multiples qui sont dans les attributions du pouvoir municipal, aucun n'était négligé ; tous recevaient de son amour du bien public, une satisfaction souvent plus grande qu'on n'était en droit de l'espérer. Plus d'un projet, en effet, conçu et mené à bonne fin par lui, aurait effrayé un dévouement moins entreprenant que le sien. Mais il savait triompher des obstacles par sa persévérance et son esprit de conciliation. A chaque session son initiative prévoyante appelait les délibérations du Conseil municipal sur quelque besoin nouveau à satisfaire. Aussi je suis heureux de le dire, reçut-il toujours du corps municipal, le concours le plus sincère, le plus sympathique.

Mais, Messieurs, aux talents qui font l'administrateur capable, Mr Dubreuil joignait une qualité bien précieuse dans l'exercice de l'autorité et qui le rendait bien cher à ses administrés. Il possédait au plus haut degré le sentiment de la bienveillance et de la justice. Il savait écouter avec tant de patience les réclamations qui étaient portées devant lui, que le réclamant qui voyait sa demande repoussée, s'en retournait néanmoins convaincu de l'esprit de justice qui avait dicté la décision. Tant de services rendus avaient été récompensés, il y a déjà plusieurs années, par la croix de chevalier de la Légion d'Honneur. Ses concitoyens lui ont aussi prouvé, Messieurs, en maintes occasions qu'ils savaient apprécier la valeur de ses services. A la dernière élection municipale il obtint l'unanimité des suffrages. Et vous ne l'avez pas oublié, il y a un an, quand les premières atteintes de la maladie vinrent le frapper : quelle sollicitude générale ; et avec quel contentement fut accueilli le rétablissement momentané de sa santé. Ce fut, suivant une expression que j'ai entendu souvent répéter alors, une nouvelle élection à l'unanimité.

Ces heureuses qualités de caractère qui lui furent si utiles dans la vie publique lui avaient, dans le commerce de la vie privée, créé de solides et constantes amitiés. Ceux de vous qui avez été ses contemporains, vous lui avez été des amis fidèles depuis son enfance jusqu'à ce jour, où vous venez associer vos regrets à ceux de sa famille. Hélas ! quelle place les affections de famille ont dû trouver dans son caractère et dans son cœur !

Que sa veuve, que ses enfants puisent donc des consolations dans cette expression publique des regrets de tous, et dans cette pensée que le service de ses semblables dans ce monde ne peut manquer de recevoir, dans l'autre vie, la récompense promise par Dieu au dévoûement !... »

Ces paroles touchantes, expression des sentiments de tous, ont été écoutées avec un profond recueillement et ont produit sur l'assistance la plus vive impression. La compagnie des sapeurs pompiers a ensuite rendu au défunt les derniers honneurs et reconduit le cortège à la Sous-Préfecture, tandis que la foule se retirait morne et silencieuse, comme si chacun avait perdu un membre de sa famille. —

Sa veuve, Madame Dubreuil, née Boutet-Lasseigne, lui survécut trente-et-un ans et mourut à Saint-Amand, le 25 avril 1894, à l'âge de quatre-vingt-sept ans, laissant deux filles qui suivent :

1. — Dubreuil (Adélaïde Celine) qui habite encore actuellement la vieille maison de la rue Marceau, naquit à Saint-Amand, 2, Grande-Rue, le 10 Juin 1827 [1]. Elle épousa au Breuil, le 10 Août 1847, Jean-Antoine Grozieux de Laguérenne [fils de François-Augustin Grozieux de Laguérenne [2] ; et de Solange Demay de la Terrade] ; dont elle eut : — *a* — Alfred-Augustin qui suit. — *b* — Claude Julien-Maurice, Receveur des Finances honoraire, résidant actuellement à Saint-Amand, rue Nationale ; il naquit à Saint-Amand. le 9 décembre 1849 et épousa le 4 février 1884, à Mennetou (Cher), Mlle Solange Foussard, décédée sans postérité à Provins, le 11 Mars 1897.

A. — Grozieux de Laguérenne (Afred-Augustin), résidant à Saint-Amand rue Benjamin-Constant, et au Clou, près Bessais-le-Fromental (Cher), naquit à Saint-Amand, le 23 juillet 1848, épousa à Châteauroux, le 2 juillet 1872. Rosalie - Valentine Gilbert du Deffant fille de Léon Gilbert du Deffant [3], conservateur

2. — Dubreuil (Marie-Jenny), naquit le 22 août 1831 et mourut à Jurigny. commune de Saint-Marien, près Boussac; (Creuse). le 9 décembre 1909. Elle avait épousé à Saint-Amand, le 12 février 1855, Florimond-Gabriel Chambraud, notaire à Saint-Marien où il était né le 16 octobre 1815. Monsieur Chambraud, mourut à Saint-Amand. le 15 février 1894, laissant trois enfants : — *a* — Camille. née le 10 juillet 1857, résidant actuellement à Vatan et au château de Grandmont, par Levroux (Indre), épousa à Saint-Amand, le 12 janvier 1880, Ernest Delorme. propriétaire à Vatan (Indre). dont elle eut trois enfants [1 Marcel Delorme, courtier d'affaires à Paris ; 2 Madeleine Delorme, mariée en 1905, à Joseph Plat, notaire à Saint-Amand ; dont trois fils : Gabriel Plat, Henri Plat et Marcel Plat; 3

---

(1) — Reg. d'Etat-Civil — Les témoins de la déclaration étaient François-Amable Dubreuil, propriétaire, âgé de 53 ans, aïeul paternel ; et François-Paul Vallet, docteur en médecine, 24 ans.

(2) — Grozieux de Laguérenne porte : « De sinople à trois lapins courant d'or, 2 et 1 ; au chef cousu d'azur chargé d'une lune d'argent. » C'est le blason de la branche de Laguérenne. Ils ont possédé les seigneuries de Pontcharrault, La Guérenne. La Garde. La Courtas, La Plaine, etc..... Alliances : De la Porte ; de la Halle ; de Mauroy ; de Parouty ; Etignard de la Faulotte, Cluzel de Sauget ; Jaladon de la Barre ; de Peufeilhoux ; de Chirat de Frétat ; Vvau de la Garde ; Petitjean ; Brugière de Lamotte, des Trapières ; Demay de la Terrade ; Fayolle ; Gilbert du Deffant ; Létang ; Maugenest ; etc..... [Arch. Nattes : J.J. : 78, f° 103, O. ✳ 310, n° 105 ; P. 462, n° 332 : 463, nos 13 et 28 ; 484, nos 34, 37, 41 ; X. 1-B 8840. — Arch. de l'Allier et du Cher. — De Mailhol : Dictionnaire de la Noblesse : — De Soultrait et de Quirielle: Armorial du Bourbonnais; — Am. Tardieu : Dictionnaire des familles de la Haute-Marche; — Bachelin-Deflorenne ; — Rolland : Supplément au Riestapp ; — Rivista Aradilca ; — Beauchet-Filleau ; etc ...] Jean-Antoine de Laguérenne était le petit-fils d'Alexandre-Augustin Grozieux de Laguérenne qui épousa à Estivareilles le 11 mars 1793, Elisabeth Gaudignon, (fille de Philippe Gaudignon, Sieur de Marée, notaire-royal ; et de Marie Villatte), dont une des sœurs Marie-Anne Gaudignon épousa le 22 février 1809, Claude Dubreuil ; voir § IV.

(3) — Les Gilbert du Deffant, sieurs du Deffant. Les Outres, La Mouline, Lorbrie, Les Rodez, Fonteuilles, portent : « D'or à la bande cannelée d'azur. » Arch. Nationales : P, 1208. — Arch. de la Charente E. 743. — Arch. de la Vienne : C, 510. — Armorial Général. — Rég. protestants de Chef-Boutonne. — Bibl. de La Rochelle : musct. 319 ; pp. 88 et 228. — Beauchet-Filleau : Dictionnaire des familles du Poitou 1re et 2e éd. — Douen : La Révocation de l'Edit de Nantes à Paris. — Enschédé : La France Protestante. — Nos Recherches historiques, biographiques et généalogiques ; etc.....

des hypothèques à Châteauroux ; et de Denise-Alice Hugueteau de Challie (1) ; dont un fils : Léon-Augustin-Henry.

B. — Grozieux de Laguérenne (Léon-Augustin-Henry (2)), né à Saint-Amand, le 26 avril 1874, épousa en 1res noces à Châteauroux, le 8 janvier 1901, Jeanne-Amélie Germaine Létang, décédée au Clou, près Bessais (Cher), le 26 septembre 1905, fille de Camille Létang, architecte-expert, officier d'académie, correspondant du ministère de l'Instruction Publique et des Beaux-Arts ; et de Laure-Berthe Jugand, dont il eut : — a — Augustine-Camille-Marie-Solange de Laguérenne, née à Saint-Amand, le 3 mars 1903. — b — Augustin-Marie-François-Jean de Laguérenne, né à Saint-Amand, le 14 janvier 1905. — Le 7 Mai 1906, Augustin-Léon-Henry de Laguérenne se remariait à Bourg-la-Reine (Seine), avec sa cousine Angèle Claire Maugenest (3), née à Saint-Amand, le 1er août 1878, fille de feu Hyppolite-Arthur Maugenest,

Robert Delorme, docteur droit, résidant à Saint-Amand, marié en 1909, à Marie-Louise Brunel ; dont une fille Andrée-Marie Delorme. — b — Maurice Chambraud qui suit ; — c — Emile Chambraud, propriétaire demeurant à Jurigny, né à Saint-Amand, le 24 décembre 1860, épousa à Givarlais (Allier), le 22 octobre 1890, Alphonsine Collinet fille d'Auguste Collinet ; et de Anne Muret : dont il eut deux filles : 1 Germaine Chambraud, née le 5 septembre 1891, et mariée le 12 octobre 1910, à Charles Pignot (4) : 2 Marcelle Chambraud, née le 11 février 1895.

B. — Chambraud (Maurice), qui habite actuellement le château de Beaulieu par Le Châtelet (Cher), naquit à Saint Amand, le 5 juillet 1859. Il épousa à Boussac (Creuse), le 13 décembre 1891, Marguerite Piquand fille de Charles Piquand,

---

(1) — Hugueteau, écuyers, seigneurs de Challié, Maupas, Brizeau, La Pivardière, Gaultret, Saint-Gouard, etc... « D'azur au chevron d'or, accompagné de trois cigognes de même ayant des vigilances de sable. » [Bibl. Nationale : Chérin : 108, cote 2239. — Arch. des Deux-Sèvres : B et E². — Arch. de la Charente-Inférieure : E — Dom Fonteneau ; LXXXIV, 64, 65. — Coll. Bouyer ; 634. — Armorial Général. — Carré de Busserolle : Preuves de noblesse des familles du Poitou. — Beauchet-Filleau. — L'abbé Nadaud : Nobiliaire du diocèse de Limoges. — Cte Bonneau : Armorial des Maires de Niort. — Bachelin-Deflorenne : Etat présent de la noblesse française (1866). — Nos Recherches historiques, biographiques et généalogiques ; etc...

(2) — Voir le Dictionnaire biographique illustré de la Corrèze, Creuse et Indre ; p. 299 ; — R. Wagner, éditeur Paris, 14, rue du Regard.

(3) — Elle est petite-fille du Docteur Louis-Sylvain Maugenest et de Pélagie Boutet-Lasseigne qui mourut à Saint-Amand, le 14 mai 1909, et était sœur de Madame C. A. Dubreuil § III, 11 ; [et fille de Me Pierre Boutet-de-La-Seigne, sieurs de Chatoûle, et de dame Marguerite-Adélaïde Trumeau]. La famille Maugenenest, dont nous avons donné plus haut les armes et une notice, a fourni comme représentants cités outre François Maugenest, qui fut membre du conseil des Cinq Cents, un prêtre fort érudit qui composa pour sa sœur, Marie Maugenest, mariée le 4 septembre 1760, à Amable Tabouët, sieurs des Fosses, un ouvrage manuscrit pour l'enseignement simultané du latin et du français. Plus tard ce même prêtre dédia sa méthode à la nation française, [Annales historiques, nobiliaires et nécrologiques, fondées sous le patronage de Mr Baour-Lormian de l'Académie française : Article Tabouët].

(4) Les Pignot, sieurs de Faurille, portent : « De gueules à un pin arraché d'or, et une bordure d'argent chargée de huit pommes de pin de sinople. » Ce sont les armes attribuées à Pierre Pignot, conseiller du roi, élu en l'élection d'Issoudun ; et à Denis Pignot, fermier de la Prée. — Le 30 juin 1746, noble Claude Aupic, sieur de Jarrien, officier de la milice bourgeoise d'Issoudun, épousa Dlle Jeanne Pignot [fille de noble Pierre Pignot, bourgeois ; et de défunte dame Marguerite de Lagrange]. — Arch. Nationales : P ; 449, cotes 150 et 205 ; 450, cotes 60, 97 et 101. — Armal. de la Gte de Bourges. — Règ. par. — Bulletin de la Société d'Emulation du Bourbonnais (1851), p. 148. — Dr Jugand : Hist. de l'Hotel-Dieu d'Issoudun, p. 267 ; etc...

inspecteur des Postes et Télégra-
phes, chevalier de la Légion d'honneur ; et d'Amélie-Caroline Gode-
berte Dagincourt] ; dont : — *a* —
Guy-Albert de Laguérenne, né à
Bourg-la-Reine, le 20 janvier 1908.

docteur en médecine ; et d'Amélie
Parrot] : dont il eut : — *a* — Gabriel
Chambraud, né le 10 novembre
1892 ; — *b* — Paul Chambraud, né
le 30 janvier 1894 ; — *c* — Andrée,
née le 27 juin 1898 ; — *d* — Anne-
Marie, née le 27 juin 1902.

§ IV

Branche de La Forêt

12 — Dubreuil (Claude) (§ III, 8, d ;) naquit le 8 octobre 1779. Au partage du 14
vendémiaire, an XIV, il resta dans l'indivision avec son frère Gilbert Louis
et tous deux obtinrent les troisième et quatrième lots composés l'un « de la
moitié du domaine de La Motte, estimé douze mille cinq cents livres, de la
moitié des vignobles de Montroise, estimé sept mille cinq cents livres,
de la moitié du bois du Baucherot et terre des Brigettes, estimés quinze
cent quinze livres dix sols ; de cent quatre livres dix sols à prendre sur les
rapports dont sont tenus François-Amable, Gilbert-Louis et Claude Dubreuil [1], et de quatre cents livres de mobilier. Total vingt-deux mille cent
livres [2] » pour chaque lot.

C'est pour Claude Dubreuil que François Maugenest, ancien membre du
Conseil des Cinq Cents puis de la Chambre des Députés, écrivit au ministre
la lettre suivante : « Montluçon, département de l'Allier, le 14 novembre
1804. — Monseigneur. — Depuis que je suis sorti du corps législatif dont
j'ai été membre pendant dix ans, je n'ai rien demandé au gouvernement
pour moi, ni ma famille, j'ose solliciter aujourd'hui de votre justice une
petite place de receveur des contributions à La Chapelaude, canton d'Huriel,
pour Claude Dubreuil, mon neveu, habitant de cette commune; outre qu'il est
un propriétaire aisé, je peux répondre de son intelligence, de sa probité,
de son exactitude ; il a servi pendant sept ans avec distinction sa patrie, il
ne lui serait pas moins utile dans l'emploi qui lui serait confié. J'ai l'honneur d'être avec le plus profond respect, Monseigneur, votre très-humble
et très obéissant serviteur : Maugenest [3]. »

Claude Dubreuil, épousa le 22 février 1809, Marie-Anne Gaudignon [4]
[fille de Philippe Gaudignon [5], Sieur de Marée, notaire-royal ; et de Marie-

---

(1) — C'est à dire dont lui-même était tenu pour un tiers.

(2) — Nos Archives.

(3) — Orignal en papier : Nos archives.

(4) — Elle avait deux sœurs dont l'une épousa Alexandre-Augustin Grozieux de Laguérenne ;
et l'autre Mr Thibaut des Alliers.

(5) — Les Gaudignon, sieur de Marée et La Chastre, sont alliés aux de Chamborant ; Lamarre ;
Bonnefond ; Prudhomme ; Gilberton de l'Aspic ; Dagard de Pampérouque ; Grozieux de Laguérenne,
Thibaut des Alliers, Laurendet, etc... [Arch. Nationales : P ; 476, cotes 10 et 171 ; 477, cote 212. —
Arch. de l'Allier : B, 740, 754, 764, 797, 842, 848, 850, etc. — Arch du Cher : B, 4271. — Dom
Bétencourt. — Dr Cornillon : Le Bourbonnais sous la Terreur. — Reg. par.].

Henriette Villatte, dont il eut : — *a* — Etienne-Eugène, qui suit ; — *b* — François Amable, né le 28 juin 1807, mort en mars 1811. — *c* — Elisabeth-Louise-Hortense, né le 18 février 1810, mariée le 13 novembre 1833, à Louis-André Rousseau [1]. Elle mourut à Bourges, le 12 juillet 1888, laissant un fils : Camille Rousseau, membre du Conseil Général du Cher, époux de Mademoiselle Boucher de la Rupelle [2], dont il eut trois enfants : 1) Marie-Jean-Louis-André Rousseau, capitaine de hussards, marié en 1894, à M⁰ Renée Darcel, dont il eut : Marie-Camille Rousseau, née le 12 mai 1895 ; et Marie-Renée, née le 13 mars 1896 ; 2) Thérèse Rousseau, née en 1865, mariée en 1887, à Abel Chénon [3], dont : Jacques Chénon, né le 12 février 1890 ; 3) Henry Rousseau, né le 1ᵉ juin 1871, mort à l'école spéciale militaire de Saint-Cyr, le 30 janvier 1892. — *d* — Félix-Victor Dubreuil, né le 8 avril 1812, décédé à La Forêt, près La Chapelaude, le 22 avril 1876 ; — *e* — Marie-Anne-Bélise Dubreuil, née le 29 mai 1813 et décédée le 13 septembre 1883. Elle avait épousée le 6 juin 1831, Arnaud-Frédéric Mercier ; dont un fils : Gustave Mercier, sans postérité, croyons-nous.

13 — Dubreuil (Etienne-Eugène), né le 16 juin 1806, notaire à Saint-Amand-Montrond ; président du Comice agricole d'Huriel (Allier), épousa le 8 janvier 1832, Marguerite-Irza Gressin [4] fille de Joseph-Alexandre Gressin ; et de Marguerite-Euphrasie Buyon des Brosses [5] ; dont il eut : — *a* — Louis qui suit : — *b* — Calixte, née le 12 décembre 1833, décédée à Saint-Amand, le 28 septembre 1886, qui avait épousé le 5 juin 1859, Etienne-Ernest Maymat, dont elle eut : 1) Marguerite Maymat, mariée à Mʳ Paul Roncenay, dont postérité ; 2) Marc Maymat, qui a deux enfants : Edith et Jacques ; 3) Eugène Maymat, dont a une fille : Odette.

---

(1) — Les Rousseau, originaires de Romorantin, portent : « De gueules au chevron d'or, accompagné de trois poissons de même, 2 et 1 ; au chef cousu d'azur chargé de trois étoiles d'argent. » [Ancien cachet communiqué par le capitaine Rousseau]. Alliances : Toubeau de Maisonneuve.

(2) — Les Boucher de la Rupelle, écuyers, seigneurs de la Rupelle Tréfontaine, Bailly, Bois-l'Abbé, La Motte-Bleury, Chouilly, etc... comtes de la Rupelle, portent : « D'argent à trois écrevisses de gueules posées 2 et 1. » Alliances : Raffin, Le Mire, de Mengin-Salabert, Le Marchand de Christon d'Auzon, Miron de Pont le Roy, de Saucière de Tenance, Busson de Lavèvre, Gérouille de Beauvais, Naywosz-Paszkiewicz de Molènes, Molliere, de Tascher, Le Breton de Vannoise, Passerat de Silans, etc... [Beaune et d'Arbaumont : La noblesse aux Etats de Bourgogne. — Aristide Rey : Armorial historique de l'Yonne. — Firmin-Didot : Armorial Général ou Registres de la noblesse de France, etc...

(3) — Les Chénon, seigneurs de Léché, Chantemerle, Guay-Poisson, la baronnie de Saint-Jeanvrin, portent : « D'azur à trois canettes d'argent ; 2 et 1. » [È. Chénon : Notice historique sur Chateaumeillant. — De Maransange : Armorial du Berry].

(4) — Les Gressin, sieurs de Gardefort, Moncenis et La Cheize, portent : « De gueules à un aigle d'argent. » [Armorial de la généralité de Bourges. — Arch. du Cher et de la Nièvre].

(5) — Les Bujon, sieurs des Brosses, l'Etang, la Brelière, La Peraude, Desertines, Richebourg, La Motte, Le Chaillou, portent : « De gueules à deux lions affrontés d'argent lampassés et armés d'or. » [Armoriaux des généralités de Bourges et Moulins. — Mallard : Hist. des deux villes de Saint-Amand. — Reg. par.]. Alliances principales : Boursier, Menouvrier, Huguet, Peron, Sorel, Theurault, Vidalin, Roux, Berger de Nomazy, de la Geneste, Parchot de Villemouze, Lebrun, Salvy, Fressanges-Dubost, Bourgeois Barbarin, Berthomier de la Grange, Ralichon, Fouquet de Prégirault, Bonnelat, Beraud de Vougon, Josset des Bruères, Villatte des Granges, de Favières, etc...

14 — **Dubreuil (Louis)**, Receveur de l'enregistrement des domaines et du timbre, naquit le 13 décembre 1832 et décéda à La Forêt, près La Chapelaude, le 21 juillet 1901. Ses héritiers ont vendu dernièrement la terre de La Forêt.

Il avait épousé le 29 avril 1872, Laure-Reine-Lucile-Emma Luylier [1] [fille de Charles-Alphonse Luylier [2] : et de Vitaline-Adélaïde Dumas-Primbault [3]], qui habite actuellement Bourges, 18, rue Bourbounoux. Il eurent pour enfants : — *a* — Marie-Louise, née le 31 juillet 1874, et mariée le 29 juillet 1896, à Maurice-Joseph-Marie Buache, vérificateur des douanes à Saint-Nazaire, [fils d'Optat Buache, ancien contrôleur principal des douanes; et de Jeanne Florentin], qui mourut en son domicile à Bourges, 100, rue Bourbounoux, le 6 juillet 1907, âgé de 43 ans ; laissant un fils : André Buache, né le 6 août 1887. — *b* — Joseph-Victor, qui suit.

15 — **Dubreuil (Joseph-Victor)**, né le 7 décembre 1877, fit d'abord son droit et obtint son diplôme de docteur en droit. Il entra ensuite dans les ordres, reçut l'ordination sacerdotale, le samedi 29 juin 1907, en l'Église Saint-Sulpice de Paris et célébra sa première messe dans la chapelle du catéchisme de persévérance de Saint-Sulpice, rue Palatine, le lendemain 30 juin. Il est actuellement vicaire de l'église Saint-Bonnet, à Bourges.

§ V

Branche de Viplaix

16 — **Dubreuil (Alexis)**, (§ III, 9, f), naquit le 6 août 1786. Lors du partage du 10 vendémaire, an XIV, il était encore mineur et, bien qu'émancipé, agit sous l'autorité d'Alexis Thaboüet, son curateur. Ses frères, vu son jeune âge, lui laissèrent choisir son lot; il prit le premier « composé de la maison de maître de Saint-Vic [Saint-Vitte], réserve et dépendances estimée neuf mille sept cents livres, du petit vignoble cultivé par Pierre Meslin, estimé deux mille livres, du contrat de cent pistoles dues par le citoïen Deschamps, de neuf mille livres à prendre sur les rapports dont étaient tenus François-Amable, Gilbert-Louis et Claude Dubreuil, et de quatre cents livres de mobilier; total vingt-deux mille cent livres [4]. » Il épousa à Viplaix, le 16

---

(1) — De la branche du Plaix. — Elle était petite-fille de Jacques-Claude Luylier, sieur d'Isle, né en 1757 ; et de Marie Fouquet des Roches ; — et arrière petite-fille de Claude Luylier, sieur du Plaix et du Mazeau, Lieutenant en la maîtrise des eaux et forêts de Cérilly (mort en 1777) ; et de Madeleine Berthomier de la Grange.

(2) — Les Luylier, al. Luilier, al. Lulier, sieurs de La Rivière, Crochemaure, Chatelard, Le Bornel, Barassier, Arginy, La Ragonnière, Le Chariot, la Varenne, La Goutte, Couture, Le Plaix, La Souchère, Le Mazeau, Isle, etc... portent : « D'azur à trois coquilles d'or et un chef d'argent chargé de trois molettes de sable » ; alias : « Coupé d'or et de sable à une bande d'argent brochant sur le tout. — Principales alliances : Guy, Augier, Alamargot de la Dure et de Villiers, de France, Brotin, Caihe, Deschamps de la Varenne, Garreau des Iles, Alexandre, Rouëron, Manceau, Courtois de Favière et du Gas, Vauvret, Guérin, Perrot des Modières et d'Estivareilles, Berthomier de Lagrange, Maugenest, Raby de Lalande, Bourgeois, Béguin de Vandalon de Laplanche de Fontenilles, Bergeron de Charon, Godin, Beraud des Rondards, Michelon du Chollet, Thonier des Bouis, etc... [Arch. Nationales : P. 475, cote 274 ; 476, cote 104 ; 477, cote 236 ; 478, cote 428. — Armorial de la généralité de Moulins. — Rouillet, — Borel d'Hauterive ; — Des Gozis : Les Montluçonnais de 1490 à 1497. — Mallard : Hist. des deux villes de Saint-Amand] ; etc...

(3) — Famille alliée dernièrement aux Godin, Guérin de Vaux, Mativon, Breschard, etc...

(4) — Nos archives.

mai 1809, Marie-Anne de Lagrange [4] fille de Claude-Joseph de Lagrange, Conseiller du Roi ; et de Jeanne Gobin ; dont il eut : — *a* — Claude-Joseph, qui suit. — *b* — Amable, auteur du rameau de Saint-Vitte § VIII ; — *c* — Louise, née le 4 octobre 1816 et décédée le 15 mai 1898. Elle avait épousé le 18 mai 1840, Amable Sigismond Thabouët fils de Alexis Tabouët [2] ; et de Françoise de Lagrange, qui fut maire de Saint-Désiré et mourut à Reterre, le 28 mars 1888, laissant un fils unique : François-Amable-Edmond Tabouët, qui épousa en 1res noces, le 7 octobre 1865, Marie-Agathe-Léonie Duchet fille de Pierre-Charles Duchet ; et de défunte Gabrielle Lécuyer ; et, en 2mes noces, le 20 mai 1890, Louise Bouquet de la Grye [3] ; dont une fille : Jacqueline Tabouët, mariée le 11 octobre 1910, à Mr André Devaulx, docteur en droit à Saint Géran-le-Puy (Allier). — *d* — Eugène, auteur du rameau de Paris, § VII ; — *e* — Antoine Anthénor, né le 26 janvier 1826, décédé sans alliance, le 3 août 1889.

17 — Dubreuil (Claude-Joseph), épousa Félicité Bapst, toujours vivante en 1907 fille de Frédéric Bapst ; et de Rosalie Ruelle ; dont il eut : — *a* — Achille, qui suit ; — *b* — Alexis, né le 17 août 1848, engagé volontaire dans l'Infan terie de Marine, décédé en mer, le 27 octobre 1870. — *c* — Lucien, né aussi le 17 août 1848, auteur du rameau § VI.

18 — Dubreuil (Achille), né le 12 février 1845, fut notaire à Courbevoie (Seine). Il épousa le 5 juin 1875, Louise-Marie Ménage fille de Pierre Ménage ; et de Louise Agathe-Félicité Yvonnet ; dont il eut : — *a* — Louise, née le 1er septembre 1876, mariée le 17 octobre 1897, à Lucien Linzeler, notaire à Courbevoie ; — *b* — Madeleine, née en août 1881 et décédée le 3 septembre de la même année.

Mr et Mme Achille Dubreuil, habitent, 80, avenue du Roule, à Neuilly ; et à La Ferté-Alais (Seine-et-Oise).

---

(4) — Les de la Grange, sont cités plusieurs fois aux arch. de l'Allier : Le 15 février 1778, Alexis de la Grange, épouse Rosalie Bouyonnet [B. 798] ; et le 8 janvier 1786, Renée de La Grange, se marie à Gilbert Losdat [B. 801].

(1) — Les Tabouët, sieurs d Fontbellaire, Les Monts, Frapesles, Les Chezeaux, Fontaines, La Foy-Gautier, Segris et Saint-Chevrais ; portent actuellement : « Écartelé : aux 1 et 4 d'azur à une fasce d'or accompagnée de trois palmes du même, 2 et 1 ; [qui est d'Augerius Tabouët, seigneur-croisé du Maine 1158-1162] ; aux 2 et 3, d'argent à un Pégase de sable frappant d'un de ses pieds de derrière un rocher d'azur duquel sort une fontaine coulante de même ; accompagné de trois étoiles de gueules posées deux et une ; [qui est Taboëtius, poëte de Gaston d'Orléans] ». — Principales alliances : Prévot, Robert, Robinet, Girard de Vorlay, Soumard de Linières, Pénot, l'abbé de Montvéron, Chapus d Arnoise, Bernard, Régnard, Augendre, Béchet, d. Lagrange, Maugenest, Chenu de Charly, Chagnion, Lantigny, Gobin, Courtois-Dugas, Raby de Lalande, Signoret, Méplain, Joubert, Le Tellier, Regnault de Champdeuil, Rollet, Heurtault, Lenoir, Barré de Nieul, Debize, Godeau, Tournois, Blanchard, etc. — Gilles Ménage : Hist. dé Sablé. — Dom Piolin et dom Bouquet : Hist. de l'église du Mans. — P. Roger : La noblesse de France aux croisades. — Biographie Michaud. — Dr Jugand : Hist. de l'Hotel-Dieu d'Issoudun. — C. Briële : Notes et collection de documents pour servir à l'hist de l'Hotel-Dieu de Paris. — Armorial de la généralité de Bourges. — De Magny : Nobiliaire Universel. — De Soultrait : Armorial du Bourbonnais. — De Maransange : Armorial du Berry. — Riestapp ;] etc...

(2) — Les Bouquet, sieurs des Chaux, Linières, Espagny, La Grye ; comtes d'Espagny ; portent : « d'azur à un chevron d'or occompagné de trois roses d'argent. » Ce sont les armes des branches de la Grye et d'Espagny. — Principales alliances : de la Celle, de Riberolles, de la Brosse, de Laire, Michon du Marais, Gruet, etc... [Armorial Général : Roanne. — Chaix d'Est-Ange : Dictionnaire des familles françaises anciennes ou notables à la fin du XIXe siècle. — Bachelin-Deflorenne] ; etc...

§ VI

19 — Dubreuil (Lucien , § V. 17, c), naquit le 17 août 1848, et épousa à Conflans-Sainte-Honorine, le 20 janvier 1885 [1]. Clémence Besnus [fille de feu Henri Besnus ; et de Louise-Céline Charpentier] ; dont il eut : — *a* — Yvonne, née le 15 juin 1886. — *b* — Robert-Alexis, qui suit.

Lucien Dubreuil, est domicilié à Neuilly (Seine).

20 — Dubreuil (Robert-Alexis), est né le 6 septembre 1889.

§ VII

Rameau de Paris

21 — Dubreuil (Eugène), (§ V, 16, d), né le 10 mars 1820, épousa le 3 octobre 1884, la sœur de sa belle-sœur, Ernestine Bapst [fille de Frédéric Bapst ; et de Rosalie Ruelle], dont il eut : — *a* — Aline, mariée à Jules Semen ; dont postérité ; — *b* — Juliette, qui épousa Eugène Chaleix, dont un fils ; — *c* — Félicie, mariée à N. Roussel, dont un fils ; — *d* — Elisa, mariée à N. Cabanès ; — *e* — Eugénie, qui épousa, le 11 Août 1886, André Petit-Gérard, dont une fille ; — *f* — Madeleine, mariée à Camille Bécot, dont un fils ; — *g* — Marthe, qui épousa Georges Boursot, dont postérité.

Eugène Dubreuil, habitait Paris ; 23, rue des Bons-Enfants. Il mourut, le 29 avril 1893.

§ VIII

Rameau de Saint-Vitte

22 — Dubreuil (Amable) (§ V, 16, b), naquit le 15 octobre 1810. Il épousa le 10 août 1841, Joséphine-Adélaïde Pannecet [fille de Joseph-Michel-Noël Pannecet, chirurgien ; et de Catherine-Victoire-Anne Moisy], qui décéda à Saint Vitte, dans sa quatre-vingt-cinquième année, le vendredi 26 juillet 1907.

Amable Dubreuil, était mort lui même, le 13 juillet 1881 ; laissant une fille unique : Adeline Dubreuil, qui épousa Monsieur Bollard [2], docteur en médecine ; dont elle a deux enfants : [1] Henri Bollard ; [2] Germaine Bollard.

Le Docteur et Madame Bollard, habitent Saint-Vitte, près Vallon (Allier).

---

(1) — A cette époque son père : Claude-Joseph Dubreuil, était mort. [Billets de faire-part].

(2) — On trouve en 1620-1621 aux Arch. de l'Allier [B. 845], des provisions de capitaine de la ville et château de Verneuil, pour Pierre Bollard, sieur de Nantillac, vice-sénéchal de Bourbonnais Nous ne savons s'il s'agit d'un membre de la famille ou s'il n'y a pas plutôt là une simple homonymie.

§ IX

Rameau de la Chaume

23 — **Dubreuil** (Nicolas), sieur de la Chaume (§ III, 8, d), bourgeois, fut baptisé à Saint-Vitte, le 4 avril 1747 [1]. Il eut pour parrain son oncle, Nicolas Pasquet [2], marchand ; et pour marraine D⁰ Marie Robin [3]. Dès 1766, on constate qu'il habitait Saint-Vitte. Il épousa Anne Capillon, dont il eut :
— *a* — Jean Baptiste qui suit. — *b* — autre Jean-Baptiste, qui naquit à Saulzais, le 30 janvier 1780 et fut baptisé le lendemain par Mr Tabouët, curé de ladite paroisse ; il eut pour parrain Jean-Baptiste Capillon [4], son oncle ; et pour marraine, D⁰ Marie Dubreuil, sa tante [5]. On ne sait ce qu'il devint.

Nicolas Dubreuil, hérita pour moitié, avec son frère Vincent (§ III, 9), de sa sœur Marie Dubreuil, décédée en 1784, à Saint-Vitte. Il fit *« dans son lit »* en faveur de sa femme et de ses deux fils, un testament daté du 5 juillet 1785, aux Sevras, près de Chazemais (Allier), où il habitait alors [6].

24 — **Dubreuil** (Jean Baptiste), naquit à Saint-Vitte, le 14 février 1776, et fut baptisé le lendemain. Son parrain fut Jean-Baptiste Dubois [7], chirurgien-juré, qui est dénommé « cousin issu de germain de l'enfant » ; et sa marraine : Dlle Anne Robin, son aïeule [8].

Le seul document qui nous parle de Jean-Baptiste Dubreuil est l'acte de baptême de Marie Daumain, dont il fut parrain à Saint-Vitte, le 7 décembre 1791. On ne sait ce qu'il devint.

Bourg-la-Reine (Seine),
Le Clou, près Bessais (Cher), novembre 1907 — novembre 1910.

---

(1) — Reg. par. de Saint-Vitte.

(2) — Nicolas Pasquet avait, en effet, épousé en 2mes noces Dlle Marie Dubreuil ; (§ II, 6, g).

(3) — C'est probablement elle qui laissa à son neveu et filleul Nicolas Dubreuil, la Chaume, dont elle portait le nom Et ce fut peut-être l'objet de la donation qu'elle fit à sa sœur Anne Robin, femme de Gilbert Dubreuil, sieur de la Motte, le 18 mai 1754 ; [Arch. de l'Allier : B, 769].

(4) — Jean-Baptiste Capillon, fut député de la paroisse d'Ourouzat pour le Tiers, et pris part à l'assemblée générale des trois ordres de la sénéchaussée de Bourbonnais, à Moulins, le 16 mars 1789 ; [Bulletin de la Société d'Emulation du Bourbonnais, 1851 ; p. 318].

(5) — Reg. par. de Saulzais-le-Potier.

(6) — Renseignements communiqués par Mr l'abbé Victor Dubreuil.

(7) — J.-B. Dubois, chirurgien, mourut âgé de 65 ans, le 30 décembre 1792 ; à Epineuil [reg. par.]

(8) — Reg. par. de Saint-Vitte.

SOURCES :

MANUSCRITS :

Archives de l'Allier : B; 724, 769, 771.
Archives du Cher : B; 3799.
Registres paroissiaux de Chambérat, La Chapelaude, Le Châtelet, Epineuil, Ourouzat, Saint-Vitte, Saulzais-le-Potier, Touchay, Vesdun, Viplaix.
Registres de l'état-civil des communes de Bourges, Chambérat, La Chapelaude, Conflans, Courbevoie, Lignières, Paris, Saint-Amand, Saint-Marien, Saint-Vitte, Viplaix.
Anciennes minutes de MM^{es} Neraud, Boucheron et Loyer.
Archives de la mairie de Saint-Amand (Délibération du Conseil).
Documents et notes généalogiques provenant des archives de M. Edmond Fabouël.
Notes communiquées par M. l'abbé Victor Dubreuil.
Nos archives.

IMPRIMÉS :

Victor Mallard : Histoire des deux villes de Saint-Amand et du château de Montrond, publiée par son fils Gustave Mallard, ancien magistrat : Bussière, imp. ; Saint-Amand, 1895.
M. des Gozis : Les Montluçonnais de 1490 à 1497 ; (article Luylier du Plaix); Ed. Auclaire, imp. Moulins, 1893.
Amb. Tardieu : Grand dictionnaire historique, généalogique et biographique de la Haute-Marche; (art. Grozieux de Laguérenne); gr. in-8°, à Herment (Puy-de-Dôme) 1894.
L'Echo du Cher : numéros des 24 mai 1863, 30 août 1863, 29 avril 1894 et 26 juillet 1908.
Rivista del Collegio Araldico di Roma (1903) : Notice sur la famille Grozieux de Laguérenne, par Henry de Laguérenne ; p. 652.

www.ingramcontent.com/pod-product-compliance
Ingram Content Group UK Ltd.
Pitfield, Milton Keynes, MK11 3LW, UK
UKHW021036120726
13693UKWH00005B/2321

9 782019 234980